循环经济研究丛书
“十一五”国家重点图书出版规划
国家自然科学基金项目（编号：70673045）
国家社科基金重大项目（编号：06&ZD029）
研究成果

循环经济与物质经济代谢分析

王军锋　著

中国环境科学出版社·北京

图书在版编目（CIP）数据

循环经济与物质经济代谢分析/王军锋著．—北京：
中国环境科学出版社，2008
（循环经济研究丛书）
ISBN 978-7-80209-666-0

Ⅰ．循… Ⅱ．王… Ⅲ．自然资源—资源经济学—研究 Ⅳ．F062.1

中国版本图书馆 CIP 数据核字（2007）第 181967 号

责任编辑 周　煜　万　峰
责任校对 刘凤霞
封面设计 王篏婧

出版发行 中国环境科学出版社
（100062 北京崇文区广渠门内大街 16 号）
网　　址：http://www.cesp.com.cn
联系电话：010-67112765（总编室）
发行热线：010-67125803
印　　刷 北京中科印刷有限公司
经　　销 各地新华书店
版　　次 2008 年 3 月第一版
印　　次 2008 年 3 月第一次印刷
开　　本 787×960 1/16
印　　张 11.25
字　　数 180 千字
定　　价 32.00 元

《循环经济研究丛书》编委会

序 言

长期以来，中国主要沿用以大量消耗资源和高污染排放为特征的传统发展模式，重发展的速度和数量，轻发展的效益和质量；重外延扩大再生产，轻内涵扩大再生产；对自然资源重开发，轻保护。这种“高投入、高消耗、高污染”的发展模式造成了对生态环境的严重破坏，并逐渐成为制约经济、社会持续发展的重要因素。从现在到 21 世纪中叶，是中国实现第三步战略目标、经济快速增长的关键历史时期，如果继续坚持这种粗放型的传统发展模式，只注重经济的数量增长，而忽视发展质量的改善，势必给生态环境带来更大的压力，付出更多的代价。虽然许多工业化国家也曾经历过生态环境问题严重的发展阶段，但仍需清醒地看到：中国在快速的经济增长过程中，面临的生态环境约束比任何一个大国在工业化过程中所遇到的问题都更加严峻，即面临着生态环境先天不足、后天失调和加速实现工业化和城市化的多重压力。因此，要缓解日益严峻的环境资源“瓶颈”制约和胁迫影响，既不能单纯强调生态环境保护对经济发展的门槛前制约效应，也不能盲目崇拜或者无限夸大经济发展对生态环境保护的资金后支撑效应，而应积极地探索新的发展模式，改变单纯追求 GDP 增长，以资源高消耗和污染高排放为特征的不可持续发展模式，转向追求经济发展与生态环境保护“双赢”的可持续发展模式。发展循环经济，正是这样一种具体尝试。

目前我国循环经济的发展正处于从理念倡导、局部试验、示范向全面实践推进的转折阶段。然而在发展过程中，无论理论还是实践，既没有深入考虑我国发展循环经济的特殊社会经济背景，也没有把握好对循环经济内涵、发展模式的认识，一些部门和行业对循环经济的目标、路径、模式、运行机制等基本问题仍然缺乏深入认识，从而导致深层次问题在实践过程中逐渐暴露出来，尤其突出的是“循环经济不经济”现象：虽然循环经济的发展使得区域物质循环和能量梯级利用模式逐渐形成，但是在此过程中，政府与市场定位不清晰，市场机制并没有发挥主导作用的问题，只有循环没有经济，这种发展模式的稳定性和持久性让人怀疑。发展循环经济是将经济发展和生态环境保护相融合的新的国家发展战略，人与自然和谐是发展循环经济的真谛，只有取得经济发展与生态环境保护“双赢”，循环经济才有生命力，也才能深入、持久地发展，基于此，在循环经济理论上必须反思循环经济是不是等同于循环？为什么现有的物质流分析工具不能适应循环经济分析的要求？循环经济分析的工具和手段方法应该具有哪些特征？本文针对这些理论问题，试图从代谢的视角认识循环经济，并提出物质经济代谢概念，建立“通量—路径—绩效”的物质经济代谢分析框架和物质经济代谢模型，进行深入地分析和探讨。

（一）代谢视角下的循环经济

1．从价值循环到物质循环：经济学中循环思想的拓展

目前经济学中的理论大多来源于交换价值的循环模型，尤其是宏观经济理论和国民经济核算体系的研究。在传统的经济理论中，从企业到家庭，镶嵌在商品和服务流中的价值被称作是国民产值；从家庭到企业，作为生产要素的价值称之为国民收入。交换价值的循环模型通过关注两个市场（产品市场和要素市场）交易的交换价值、决策，组织生产和家庭消费，使得整个经济过程运行起来。从交换价值的循环模型中我们可以看出，尽管经济活动所涉及的物质在种类上具有相当大的差异，但是循环模型却通过交换价值这一媒介将这两个小环（产品市场和要素市场）统一起来，当然，这其中重要的原因是交换的双方具有对等的交换价值（尽管物品的使用价值是不同的）。

虽然经济系统通过交换价值将产品市场和要素市场连接起来，构成一个循环，但这并不意味着可以忽视经济系统的生态基础的存在。因为经济系统并不是一个孤立系统，经济系统的运行需要环境与自然资源的支撑，而且经济系统中由交换价值组成的循环流的交换与物质—能量流是共同运动的。与抽象的交换价值相比，进入经济系统的物质流是不能完全循环的，而能量流只能梯级利用，并不存在循环利用这一途径。进入经济系统的物质—能量流开始于低熵资源的开采，结束于高熵废弃物等，最后进入生态域，因此从热力学理论范畴看经济过程，它仅仅是一个低熵到高熵的过程。当然，这种情况下是将经济系统看作一个开放的系统，在此前提下，物质—能量流只能是线性的，因为它们最终都会以高熵的状态重新进入生态域。虽然在保证充分的低熵资源投入情况下，物质流可以循环，但却不能 100%的循环，因为任何的循环都是有代价的，它需要投入低熵能量，而能量从本质上根本不具有循环性。因此，如果将进入经济系统的物质流和能量流看作经济系统的通量，这种以物质流和能量流为基础的通量内涵特点也应该是线性的。从对经济过程与通量的理解和探讨中，可以看出，经

济学理论中的循环模型是不能脱离线性通量模型而独立存在的，它们是相互依赖的一个整体，是同一事物的不同方面，它们都是维持经济系统正常运行的要素。

但是，许多传统经济学的学者们却不这样认为，他们将交换价值的循环模型看做是一个孤立系统运行模式，他们不关注或者很少关注这些与周围的生态域产生某种联系。因此在目前主流经济学研究范式中，经济系统的物质流和能量流的通量仅仅是在交换价值的阴影下进行活动（Daly，1991）[1]。其实，经济系统的交换价值与通量具有内在联系，两者都是非常重要，而且都不能相互覆盖。原因是两者是针对不同目的，从不同角度阐述经济系统演化的内涵和条件。经济学家争论说通量模型毫无意义，是因为这些模型并不能给出关于经济活动的成本和效益的平衡方面的信息。自然科学的学者也说经济学模型毫无意义，是因为这些模型并不能告诉我们经济系统的活动使用了多少物质和能量，它给生态系统造成了什么样的影响。两种观点从某种意义上讲具有一定的道理，但这并不代表双方是相互矛盾的。

当然，造成这样的困境，也有其社会经济原因。从经济发展的历史看，经济发展与生态环境功能维持的关系是双方相互博弈的过程。在经济发展过程的初期，由于生态环境功能具有非常大的利用空间，仍然能够维持经济增长，因此经济如何发展，如何实现资源效率配置成为经济理论研究的主旋律。但是，随着经济发展过程的深化，经济发展与生态环境功能维持的不协调逐渐显现出来，自然而然诸如生态环境功能如何维持经济发展、外部性如何影响资源配置、物质循环在经济发展中的地位和作用等理论问题也逐渐纳入到了经济理论研究（Robert U. Ayres，A.V. Kneese，1969）[2]。因此，对经济系统物质流和能量流的关注，特别是考虑到生态环境功能维持的情况下，经济系统中的物质循环研究，是随着经济发展过程不断深入才会逐渐被认识，其中关键因素在于环境资源的价值随着稀缺性的不断提高而逐渐提高，相应地，经济系统与自然生态系统之间的联系纽带——物质流和能量流以及经济系统中的物质循环也会随着环境资源稀缺性的变化而逐渐获得关注。

2．循环经济思想与物质循环

从经济思想的发展看，美国经济学会会长肯尼斯•博尔丁（Kenneth E.Boulding，1966）的《即将到来的宇宙飞船地球经济学》一文被认为对生态经

---

[1] Herman E.Daly，*Steady-State Economics*. Washington ,D.C ： Island Press, 1991： 235.

[2] Ayres, Robert U, Allan V. Kneese,Production, Consumption and Externalities. American Economic Review, 1969, 59（3）: 282-296.

济理论的发展具有开创性的意义，而且也是循环经济思想的现代起源。在这篇文章中，博尔丁区分了两种不同的经济形态，即建立在开放地球系统上的"牛仔经济"和建立在封闭地球系统之上的"宇宙飞船经济"。宇宙飞船经济学作为一种全新的经济思想，体现出完全不同于现代经济思想的一些基本理念。例如，从资源到废物这一过程的通量最小化、产量和消费最小化，注重资本存量状态和性质及其维持，而不是流量的大小等。这与目前经济学所追求的产量、消费量的最大化和持续增长是迥异的。而循环经济思想正是针对"宇宙飞船经济"这样一种特殊的经济形态而提出的。

在这一时期，除了博尔丁从经济理论的角度提出物质循环经济思想以外，巴里•康芒纳（Barry Commoner，1974）也从生态学的角度详细地阐述了物质循环对于地球生态系统和人类的重要意义。他指出环境危机的根源就是人类破坏了生命的循环，为了保持生态系统功能的完整性，以及人类自身持续的生存发展，人类活动一定要遵循生态规律，不要破坏生态圈这一生命之圈的循环过程[3]。

在博尔丁提出"宇宙飞船经济"思想以后，围绕着封闭地球系统下自然资源的利用和经济未来发展模式问题，特别是物质循环这一主题，出现了一系列对于生态经济学发展具有重要影响的思想、理论和方法。其中具有代表性的包括：赫尔曼•戴利（Herman E. Daly，1974）提出的"稳态经济"理论；尼古拉斯•乔治斯库-罗根（Nicolas Georgescu -Rogen，1971）的熵定律和经济过程问题（1971）；罗伯特•埃尔斯和埃伦•克尼斯（Robert U. Ares ，A.V. Kneese，1969）的经济过程中物质平衡原理；罗伯特•埃尔斯（Robert U. Ares，1988）的产业代谢理论；罗伯特•弗罗什（Robert Frosch ）和尼古拉斯•盖洛普（Robert Frosch ，Nicolas Gallopoulos，1989）的产业生态系统理论；戴维•皮尔斯和凯利•特纳（David Pearce ，Kerry turner，1990）提出的"循环经济模型"。所以，物质循环与循环经济思想是一个逐渐发展、演变的过程，在这一过程中这一思想不断得到充实、完善和具体化。

3．循环经济是否必须要"循环"？——从循环到代谢

既然我们希望能够在地球上持续生存下去，那应该选择什么样的经济系统运行方式，才能够在资源有限的地球上持续生存下去？在循环经济模式提出增加了选择机会的事实面前，需要认真思考循环经济模式的位置。不可否认，人类社会要不断前进，经济也要持续发展，这也就在客观上，要求我们必须考虑社会经济发展的可持续性问题。虽然环境资源是否绝对稀缺讨论并没有给出明确的答案，

---

[3] 巴里•康芒纳. 封闭的循环——自然，人和技术. 侯文译. 吉林人民出版社，1997：126-136.

但“环境资源越来越稀缺，经济增长会受到某些特殊资源限制”的趋势逐渐被学者认同。基于这种客观事实，现有牛仔经济（Cowboy Economy）式的经济发展模式应该或者至少现在应该重新被考虑。为了提高资源利用效率、减缓对生态环境功能破坏，转变经济增长方式、探索新的发展模式，不但是人类对生存目的反思的结果，也是新实现手段的重要特征。正是在这种背景下，循环经济模式应运而生。

所谓的目的—手段序列主要考虑的是，如果从人类能够持续生存的意义上看，人类不但在现在而且在未来都需要认真面对的最根本的经济问题，即如何利用基本手段为终极目的服务[4]。当然，在解决这样一个根本的经济问题时，可以将其分解为若干更为具体的子问题，而且现实处理根本经济问题时，也的确是这样做的。但需要强调的是，最根本的经济问题与这些子问题具有内在联系，子问题之间也存在内在联系，解决问题时不能忽视这些内在联系存在的客观性。当我们在现实中试图解决每一个具体的子问题的同时，绝对不能忘记目的—手段序列中的其他子问题的客观存在。

从目的—手段序列理论来认识循环经济，循环经济思想的提出，是人类为实现生存目的与实现手段的互动结果。为了“自然而然不用加以论证的美好目的”[5]，需要维持经济系统中较低物质流和能量流通量水平（基本手段）。虽然不能确定循环经济模式是实现最终目的的唯一手段，但是从目前人类对自然生态系统的理解水平看，循环经济模式是一个比较好的选择。

考虑到生态环境功能维持和经济增长的生态约束，根据目的—手段序列理论，循环经济理论研究应该关注和回答两个重要的命题：在维持生态环境功能前提下，经济发展的最优规模如何确定；在维持生态环境功能和经济发展的前提下，如何实现资源配置的帕累托最优。当然，两者在本质上具有内在的联系。规模的问题正是古典经济学和生态经济学的理论范畴中，而规模下的资源配置是处在新古典经济学的理论范畴中。而循环经济理论强调的是两者一定要同时考虑，因为从目的—手段序列看，具体子问题的解决一定要考虑其他子问题存在的客观性，最优规模的确定和资源配置效率的改进是既相互独立又相互依赖的。这也正体现了循环经济模式作为生存目的和最终手段的互动结果而存在的理论含义。

在这样对循环经济认识的基本前提下，如何看待循环经济的物质“循环”？如果从地球整个系统的宏观角度看，物质“循环”应该是维持自然生态系统与系统和谐互动以及自然生态系统和经济系统演化发展的主要形式和实现路径，因为

---

[4] Herman E.Daly，*Steady-State Economics*. Island Press,Washington ,D.C. ：1991，p.339.

[5] 赫尔曼·戴利，肯尼斯·杨森：珍惜地球—经济学生态学伦理学，马杰，等，译. 商务印书馆，2001：27.

地球作为一个相对封闭的系统，只有物质循环的运行机制才能维持地球生命系统的存在，才能符合我们持续生存的最终目的。但如果仅仅从经济系统的角度看，经济系统物质“循环”并不是经济行为主体唯一的选择，因为经济行为主体对物质循环的选择、循环到何种程度的选择等问题的决策，都依赖于对是否能够实现维持经济系统中人类生存和生活功能这一服务目的的判断，或者对是否削弱经济系统中人类生存和生活功能的判断。因此，在经济学意义上，“循环”是不是承载了循环经济所有的内涵？循环经济是不是应该始终如一的追求循环？都是应该深思的问题。不过可以确定的是，物质“循环”在这一层次既不能诠释循环经济的全部内涵，也不能打开对循环经济理论命题回答的大门。那么，应该如何理解它的内涵？“代谢”的涵义也许可以给我们一些启发。

代谢（Metabolism）一词来源于希腊语，它的本质涵义是“变化或者转变”。在生物学理论中，代谢指的是在一个活细胞中维持细胞稳定和成长的所有物质的生物化学反应的综合表现，这些反应是通过“代谢路径”进行的。从有生命的单细胞到复杂的人体，他们与周围环境不断地进行物质交换称为物质代谢或新陈代谢。

生态学家也尝试将代谢概念引入到了生态学的研究范畴，这也进一步拓展了代谢概念的内涵。生态学家认为代谢一词的涵义可以理解为生态系统能量的转换和营养物的循环。生物群体或者生态系统具有自组织的特点，即具有优化自身能源和营养物吸收功能。生态系统的物质代谢过程，不仅依赖系统的特征参数，还依赖于维持系统稳定的环境因素。然而，生物学家对于是否能将代谢的概念应用到超过有机体之外的层次，比如生态系统层次，则存在较大的争议。但尽管存在争议，多数学者还是接受了上述的观点。

那么，社会经济系统与生态系统是否具有相似性呢？认识这样一个问题首先要从理解物质代谢的内涵出发。从生物物质代谢概念和内涵看，代谢是有机体内所有物理和化学过程之和，通过代谢，物质被产生、维持、破坏。更简单地说，是有机体系统功能化或者运行的基本过程。因此，生物有机体的物质代谢是为了维持细胞或者有机体正常机能。通过“代谢”过程，不断转变或者改变营养物质的各种化学形态，以便于细胞或者有机体可以获得所需要的物质，同时降解、排放影响正常机能的物质。因此，在这里的“代谢”更多地体现了维持生物有机体系统功能的特征，也即认为代谢是维持细胞或者有机体功能运行的主要机制。

如果将物质代谢的概念进一步抽象代谢内涵，很明显可以看出，代谢内涵的核心在于其对系统的功能维持。如果拓展视野，从地球这个生态经济大系统角度看经济过程与生物新陈代谢过程，可以将生态系统大系统的代谢过程分为新陈代谢（合成代谢和分解代谢）的生命过程和经济过程的生命过程（生产和消费）。在这两个过程中，唯一的有形产出都是废物，两者非常类似。在这两个过程中，新陈代谢的功能（引申出来的价值）目的是为了维持生命，而经济活动的功能目的（引申出来的价值）则是维持和享受生活。经济系统的物质流是效用的载体[6]，如果从物质流角度看经济系统，经济系统内的物质流通过经济行为主体的直接和间接作用和影响过程，持续为经济系统提供效用（Utility）。因此，经济过程的代谢涵义是进入经济系统的物质流持续为经济行为主体提供效用的过程，维持经济系统以及人类生存和生活这一重要功能仍然是经济过程代谢的核心。

从经济学与生物学类比的视角，基于代谢与经济过程的类比，代谢应是理解循环经济理论问题的钥匙。相对于循环而言，代谢具有更加丰富的内涵，特别是在考虑新陈代谢与经济活动类比的情况下；而具体到循环经济思想所提到的循环，应该把它看做是代谢多种表现形式或状态中的一个特殊表现。从代谢视角看循环经济，物质循环应该从地球生态经济大系统这样的宏观层次来理解。然而，这一层次的物质循环也可以从代谢的角度理解，因为物质循环也是基于维持人类持续生存，维持地球这样一个生态经济大系统功能的目的，实现社会经济系统与自然生态系统和谐互动的路径，基于此，代谢在这里是可以与循环相互替代。如果从开放性的微观层次经济系统和自然生态系统来理解，代谢表现为实现经济系统与自然生态系统各自均衡和演化的路径，特别是对于经济系统的代谢，它通过经济行为主体的直接和间接作用及影响过程，持续为经济系统提供效用（Utility）的代谢过程，此时循环不循环都要以经济和生态环境功能是否能够维持为标准，如果不循环也可以实现该过程，我们就不应该刻意地把循环作为循环经济的标准看待，从这个角度看，循环并不能替代代谢在这一角度所表现的内涵和功能。因此，物质循环并不能替代循环经济思想真正的核心，而考虑生态环境功能维持的经济过程代谢更能体现循环经济思想的核心。对循环与代谢的模糊认识，也是目前循环经济不经济现象的重要原因：刻意追求“循环”并不能诠释循环经济的内涵，循环经济不应该仅仅将目光盯在“循环”，而更需要把重点放在“代谢”上，循环经济内涵的理解应该从“循环”走向“代谢”，只有这样，才会使循环经济的发展在更好地维持经济系统功能的同时，关注生态环境功能的维持，进而协调经济系统与自然生态系统的和谐互动。

[6] Ayres, Robert U., Allan V. Kneese,Production, Consumption and Externalities. American Economic Review, 1969，59（3）：282-296.

（二）基于“通量—路径—绩效”的物质经济代谢分析框架

从微观层次上，循环经济研究主要探讨市场机制如何影响经济系统物质流动过程的问题。对经济系统的物质流动规律的分析和探讨应该是循环经济研究的核心内容，这种从物质流视角看经济系统，也是循环经济研究与区别于其他经济学研究领域的重要特质。如果建立对该问题的分析框架，探讨市场机制是如何影响经济系统中的物质流流动的问题应是其核心内容之一。那么，我们对经济系统中物质流进行分析，这样做的目的是什么？本文认为，经济系统物质流分析主要应该具有三个重要的目的，首先就是完成对经济系统物质流的静态描述，也就是说，在某一时点上，经济系统的物质流是一个什么状态。其次，应该理解各种因素是如何影响经济系统物质流流动的。第三，我们应该如何引导经济系统物质流的流动，或者说依据影响经济系统中物质流动的各种因素的作用原理，提出提高资源利用效率、改善资源环境问题的物质流流动模式。正是基于这三点的考虑，以及经济系统的物质和能量流也要受到市场体系中微观经济主体行为特点的影响，我们对经济系统物质流进行分析时，应该而且也是必须要综合考虑影响物质流动的生态因素和社会经济因素，也就是上述目的的第二点和第三点，而不应该在物质流分析中，忽视经济规律对物质流的重要影响作用。在对以上内容考虑的基础上，本书提出经济系统的物质流分析应该重点包括以下三方面的内容：从静态角度理解经济系统中物质流的规模；从动态角度理解经济系统中物质流流动过程；如何影响和调控管理物质流动过程。

循环经济理论对于物质流分析的要求是涵盖上述三个目的，特别是融入社会经济因素的物质流分析，这也是与以往物质流分析的重要区别。我们应该使用什么样的分析工具将上述三个内容融合到同一个分析框架进行分析？

正是考虑到经济系统与生态系统一样，是一个远离热力学平衡耗散系统，整个经济过程是通过劳动使原料和能量转化为最终产品和副产品（废物）一系列的物质转换过程，这与生态系统的物质代谢过程相类似。经济系统的组织运行依赖于与周围自然环境之间的交换关系，即依赖于“代谢”过程。经济系统的物质流不但要受到生态因素的影响，而且也要受到市场体系中微观主体行为等社会经济因素的影响，生态规律和经济规律的双重制约因素决定着经济系统的物质流流动，本文提出在生态规律和经济规律等双重制约因素下，物质在经济系统的迁移、转化过程，称之为物质经济代谢（过程），与自然生态系统相比，物质经济代谢过程在遵循物质流的生态特性基础上，取决于其所属经济系统的结构特征和运行机制或者模式。物质经济代谢分析是循环经济理论的微观分析基础。

依据物质经济代谢内涵的理解，本文提出“通量—路径—绩效”的物质经济代谢分析框架。即物质经济代谢通量分析和物质经济代谢过程分析，物质经济代谢调控与管理。并分别建立物质经济代谢基本模型，物质经济代谢通量模型，物质经济代谢路径选择模型。这样可以从宏观和微观上理解物质经济代谢规模和过程。在物质经济代谢过程分析中，根据物质经济代谢过程的特点，提出物质经济代谢路径替代和路径依赖现象对物质经济代谢路径选择过程的影响。

本书是国家自然科学基金项目《物质经济代谢分析与调控管理研究》（编号：70673045）、国家社会科学基金重大项目《经济发展和生态环境保护双赢的循环经济深入发展研究》（编号：06&ZD029）研究成果之一。

虽然本文提出了物质经济代谢概念，但是建立“通量—路径—绩效”物质经济代谢分析框架却是更重要的内容，因为这是以往研究工作始终没有系统考虑过的问题。虽然物质经济代谢研究领域很年轻，也非常具有活力，但仍有许多观点需要探讨，许多内容需要精细化。企盼能与更多的专家学者一起对它进行完善和发展。

目 录

第一章　研究问题的提出

第一节　选题背景

生态经济大系统是由经济系统与自然生态系统两个子系统耦合而成。相对于人类社会，自然生态系统具有资源提供、废弃物接受、舒适性服务提供、生命系统的支撑等重要功能。在经济学研究中，承认稀缺性的客观存在是各种经济学流派开展研究的基本前提。在对稀缺性认识的基础上，经济学研究一个社会如何进行组织，以便最有效地利用资源。长久以来，经济学家的目光是吝啬的，他们的目光更多关注于如何将可无限制获取的环境资源[1]进行有效利用的问题上，至于为人类社会经济活动提供物质和能量基础的有限环境资源则一直被视为外生变量。在处理经济问题时，他们不考虑或者很少考虑“我们究竟可以安全地获取多少环境资源”这一前提问题。人类社会庞大的需求，如这些经济学家所预想的那样，通过将大量生产、大量消费、大量抛弃的经济规模扩大的途径来满足。然而，我们不想看到的场景也开始逐渐显现：有限的自然资源由于过度开采而面临枯竭的危险；逐渐恶化的环境质量也损害了自然生态系统的服务功能，并开始干扰人类经济活动的正常运转。这些问题给了我们警醒：有限的环境资源是无法承载经济系统无限度的需求增长的。基于资源枯竭和环境退化且不断恶化的残酷现实，人类开始反思自身的经济行为和方式。

循环经济理念是美国著名经济学家鲍尔丁（Kenneth E. Boulding，1966）在“The Economics of The Coming Spaceship Earth”中首次阐述的[1]。他从物质、能量、信息流等多种视角阐述了地球这一大生态系统的发展和变化。他认为现今的经济系统是开放的，经济系统可以不断地从系统边界之外获取物质、能量和信息，

[1] 目前学者对环境资源的涵义有不同的理解，本文将环境资源界定为：自然界中人类可以用于生产、生活和净化废弃物的物质和能源的总称。含环境容量资源。

同时亦将废弃物再排放到经济系统之外。如果将经济系统与自然生态系统看做是一个统一整体，那么该系统具有封闭的特征。他把"封闭经济"称之为"太空人经济"。所谓的"太空人经济"是将地球看做一艘没有资源输入和污染物产生的飞船，在输入的外部能量作用下，飞船不断地将物质再生并循环利用，从而达到持续利用，这就是现在所指的循环经济理念雏形。波尔丁所提出的循环经济理念具有重要意义，因为它使人类对全球经济发展过程的认识产生了重大的转变，即现有的线性经济增长模式是不能持续的，它转变为循环经济增长模式。

继鲍尔丁之后，艾瑞斯和克尼斯（Ayres and Kneese，1969）、艾瑞斯（Ayres，1988），皮尔斯和图奈（Pearce and Turner，1990）、菲舍和科瓦斯（Fischer and Kowalski，1998）等学者做了进一步深入的工作。他们重点研究如何模仿自然生态系统的物质循环和能量流动规律，来重构现有的经济系统，以使经济系统能被和谐地纳入到生态经济大系统中去。这些极富创新意义的研究工作使得波尔丁提出的循环经济理念逐步变得具体化，而且循环经济研究的重点对象——物质、能量流动与资源环境问题的关系也得到了前所未有的关注[2-5]。

进入20世纪90年代以来，随着循环经济理念不断深入理解，部分经济发达国家将循环经济作为实现环境与经济协调发展的重要途径并开始付诸实践。德国首先设立双轨系统（Duales System Deutschland，DSD）；随后日本在2000年颁布了《循环型社会促进法》，并以此为基础，提出构建循环型社会（Recyled Oriented Society）的最终构想。这些国家以实现资源、能源最大限度地有效利用的目的，通过建立生产与消费链状或者环状的循环模式，来努力避免大量生产、大量消费、大量废弃的线性生产和消费模式。

在这些实践过程中，物质流与资源和环境问题存在内在关系的观点也获得重视，尤其是在德国（DB，1994）、瑞士和新西兰等欧盟国家。他们在该领域投入了巨大的财力和人力进行理论研究和实践，并获得一些极富推广价值的研究成果。类似物质流分析（MFA）、以再使用、再循环等手段而倡导的闭环思想（Closed Loop）、废物最小化（Waste Minimization）、生命周期分析（Life Cycle Analysis）、环境审计（Environmental auditing）等分析工具和管理理念逐渐在欧洲大部分国家付诸实践。

目前我国循环经济的发展正处于从理念倡导、局部试验、典型示范向全面实践推进的转折阶段。然而在发展过程中，无论是理论还是实践，既没有深入考虑我国发展循环经济的特殊社会经济背景，也没有把握好对循环经济内涵、发展模式的认识，一些部门和行业对循环经济的目标、路径、模式、运行机制等基本问题仍然缺乏深入认识，从而导致深层次问题在实践过程中逐渐暴露出来，"循环经济不经济”现象尤其突出，即循环经济的发展使得区域物质循环和能量梯级利用模式逐渐形成，但是在此过程中，政府与市场定位不清晰，市场机制尚未发挥主导作用，只有循环而没有经济。因此当前产生了对这种发展模式稳定性和持久性的怀疑。

本文认为：从经济系统的物质流的角度看，造成上述现象的根本原因是物质流分析与社会经济因素分析的脱节，在物质流分析时没有考虑社会经济因素对物质流的影响机制和规律，而这也恰恰是目前循环经济研究所需要面对，而且也需要解决的核心问题之一。对于该问题的系统分析和深入探讨，需要以研究物质流进入经济系统的规模和流动过程来作为切入点。因此，本文的研究焦点主要集中在物质流在流经经济系统的规模分析和过程分析。该项研究将会为理解物质经济代谢过程和物质经济代谢的人工模拟仿真提供理论基础，也为全面推进循环经济战略的实践提供理论指导，并为循环经济的调控管理提供可操作的方法。

第二节　研究问题的提出和文献述评

如果将自然生态系统与经济系统看做是一个生态经济大系统，那么连接自然生态系统与经济系统的物质流与能量流即占据重要地位。自工业革命以来，随着人类社会工业化程度的不断加深，进入经济系统的物质和能量流变得愈加庞大，流经的地域也越来越广，形成了人类经济社会所特有的复杂物质流网络。从对资源短缺和环境问题所进行的大量研究来看，环境资源的绝对稀缺性已获得越来越多的学者关注，人们已经认识到有限的环境资源并不能满足社会经济系统的无限需求。在经济系统的演变过程中，资源与环境问题与流经经济系统的物质流和能量流直接相关。所以，对经济系统内部以及经济系统与自然生态系统之间的链接因素进行分析就显得非常重要。

针对经济系统中的物质流分析主要有两方面的目的，第一是明确经济系统中物质流的规模和流动过程，第二是对进出经济系统的物质流进行调控和管理。在20世纪60年代以前，许多学者建构了不同的模型来描述物质流和能量流，这些模型大致可分为两类，一类是纯生态模型，但这类模型很少涉及经济分析，如成本和效益、资源分配和优化、资源的替代等经济学内容；另外一类就是与环境污染相关的经济学模型，它们仅仅关注污染外部性，却很少考虑物质在经济系统的规模、流动及转化等因素[6]。

20世纪60年代后，为更加深入理解经济系统的物质流，国外许多学者开始同时考虑经济系统中物质能量流动的生态特性与经济特性。首先，从拓展模型包含的内容来讲，将模型涵盖的内容延伸到废弃物的排放和处理。在该领域中，艾瑞斯和尼斯（Ayres and Kneese，1969）的研究具有开创性[7]。他们认为传统经济学忽视了环境资源的公共物品特性，导致一般均衡模型中没有考虑物质流、能量流在流出经济系统之后的归宿问题；同时，他们还认为残余物造成的外部性是生产和消费活动一个正常的、内在的组成部分。因此他们提出了生态经济大系统的物质平衡原理，利用瓦尔拉—卡塞尔（Walras-Cassel）模型对传统的一般均衡模型进行了修正，将经济系统中产生的“残余物”纳入到该模型中去。随后，列昂惕夫（Leontief，1970）、维克特（Victor，1972）、佩瑞斯（Perrings，1987）、路斯（Ruth，1993）和菲伯、普瑞璞（Faber and Proops，1997）等[8-11]，也对经济系统的均衡经济模型作了进一步的研究。

其次，为了综合考虑物质在经济系统的规模和环境影响，引进并拓展了产业代谢中的流分析方法（Flow Analysis）。产业代谢理念是由艾瑞斯（Ayres，1989）提出的[12]。他认为，所谓的产业代谢过程就是所有将物质、能源和劳动力转化为产品和废物过程的集合，其最大优点是可以系统地理解资源利用和废弃物处理的总体环境影响。这里所提到的流分析方法是在应用生态学分析方法的基础上，通过分析产业活动涉及的物质流过程，确认、评价所有可能的排放路径以及与物质流相关的其他影响，其中生命周期分析（Life Cycle Analysis，LCA）和物质流分析（Material Flow Analysis，MFA）两种分析方法较为常用。不过，这两种方法都是从自身的视角来研究物质流问题，仅仅关注物质流动中的生态特性。如果用来同时描述影响经济系统中物质流动过程的生态和经济两种特性时，这些传统的方法必须通过修正来克服固有的缺点（Stefan Anderberg，1998）[5]。国外部分学者在 SFA 和 MFA 的方法框架下，从不同角度对上述这些的问题进行了深入研究：Keoleian G 等（2000），Nathani C（2000）等通过分析生产成本和经济结构的变化（由于采取新的清洁生产技术以及需求的变化而造成），来评价经济系统获得的生态效益[13]。Binder 等（2001）将经济学中的消费函数融合到 SFA 的分析中去，Kandelaars 等（1997）等在 MFA 和 SFA 的分析框架中，引入偏好来分析相对价格的变化和产量的变化，Frischknecht（1998）还将生产函数在 LCA 的框架中进行分析。Hendrickson C（1998）等在 LCA 中使用经济投入产出表，在评价中考虑生态和经济标准，以执行一个多标准评价体系[14]。Bmannm（2000）等将 SFA 和 LCA 和局部均衡模型融合在一个工具盒，来对产业体系进行分析和评价[15]。

虽然上述研究都进行了许多有益的尝试，但仍存在一些共同的缺点：这些方法仅仅简单而又机械地将物质流的经济分析“附加”在物质流的生物物理分析上，未能综合考虑产业系统的生态和经济特性；将它们置于同一个分析框架内进行分析，还经常会产生系统边界界定不统一的问题，如果系统边界的界定差别过大，不同的分析就可能会得出不同的结论。此外，部分文献还出现了在分析开始是复合的分析框架，但结论却仅仅是从产业代谢中物质流生态特性的角度进行分析的问题。

根据 Koenig 和 Cantlon（2000）与 Kandelarrrs（1999）在文中的 MFA 可以转化为投入产出分析的思想，一些学者考虑将投入产出分析与 MFA 分析方法联合应用[16]。索亚曾尝试性地将投入产出分析应用到物质流分析中，并以此为方法基础，应用于食品生产的物质流分析中。但是他也指出，鉴于模型本身的原因，该方法如果在单一经济部门，尚可以很容易获得应用，但若将该模型扩展到整个经济系统，由于数据难以获取的原因，该方法也将很难使用。另外，对于投入产出分析方法本身固有的线性假定的缺点也是难以避免的。

从对物质在经济系统中流动的研究历程来看，流的分析方法具有相当重要的地位。流分析方法在分析生态经济大系统方面是一个非常有用的框架，特别是在物质流的环境影响，废弃物质的排放管理，以及产业发展战略等方面具有特殊的优势。但是，流分析方法也存在一些难以克服的缺点：由于流分析是以技术因素为基础，因此它存在着弱化空间和时间因素分析视角的问题。第一，所有的这些研究仅仅局限在某一角度、某一部分，很难对整个系统进行评价。第二，在空间问题上也会遇到困难，无论在区域内还是区域间，分析都是相当有限。第三，流分析的方法，对于经济、社会和人的因素没有给予足够的关注，大多数集中在区域内的物质元素和分析层次，很少考虑企业等经济行为主体，以至于很难进行决策管理和转变相关行为主体的行为、态度。鉴于流分析的不利因素，Torsten（1993）曾经发展了一个分析框架——过程景观方法（The Process Landscape），以综合分析社会、制度和技术的影响[15]。

国内学者对物质在经济系统中流动过程的研究起步比较晚，大多数学者仅仅集中在城市物质代谢研究领域。东北大学陆钟武院士创新性地提出时间概念的元素流分析方法，来研究钢铁工业的废钢资源问题[17]。中国环境科学研究院学者段宁曾经对城市生态系统中物质能源转化过程和中间代谢物的代谢过程，以及物质代谢的调控原理进行了深入的研究，1999 年段宁将物质代谢分析方法应用于广西贵港市的生态园设计[18]，2003 年提出了产品代谢和废物代谢的概念[19]，并于 2004 年在深入分析循环经济与物质代谢之间相互关系的基础上，建立了城市物质代谢的控制论理论模型[20]。但是对于物质在经济系统中的代谢规律的研究，仍然需要深入的分析和探讨。

基于此，本文将首先对下列问题深入思考和探讨：为什么现有的物质流分析工具不能适应循环经济分析的要求？循环经济分析的工具和手段方法应该具有哪些特征？在此基础上，试图从代谢的视角认识循环经济，在对经济学与生物学类比的基础上，从代谢的研究视角出发，提出以融合社会经济因素的物质流分析为基本特征的物质经济代谢概念，建立物质经济代谢分析框架和物质经济代谢通量模型、路径选择模型，并进行深入的研究和探讨。

物质经济代谢不但区别于自然生态系统的物质代谢，还区别于产业代谢的概念。物质经济代谢的分析框架包括三大部分：物质经济代谢规模研究，物质经济代谢过程研究，物质经济代谢调控管理研究。物质经济代谢规模研究包括物质、区域等层次内容。物质经济代谢过程研究以物质流在循环经济系统中的流动路径选择为重点。循环经济中的物质流动路径选择在遵循生态特性基础上，取决于其所在经济系统特性和所遵循的经济规律。本文要重点解决的问题是经济活动过程中物质流动的影响因素是什么，是如何作用的，如何综合考虑生态规律和经济规律对物质流在经济系统的流动。本文首先是系统、科学理解循环经济中的物质经济代谢规律，然后在此基础上，提出对循环经济中物质流动路径进行调控和管理的手段；并通过转变和拓展物质流动的路径，提高经济系统中物质资源的综合利用效率，最终实现使整个经济系统的效率提高，促进循环经济持续健康发展。

第三节　内容结构安排

由于当前的资源短缺和环境问题与流经经济系统的物质流和能量流直接相关，因此对经济系统内部以及经济系统与自然生态系统之间的链接因素进行分析和研究显得尤为关键与迫切。

本文拟在分析和研究国内外已有的相关领域研究成果基础上，深入剖析和总结不同的研究视角、研究方法，从而提出本文的研究视角和切入点：首先，从环境资源的绝对稀缺性出发，探讨经济增长的生态约束，以此为基础，提出循环经济理论研究与经济学研究的内在关系，并初步界定了循环经济理论研究的基本内容。其次，剖析物质流与经济系统的内在关系，并在对经济学与生物学进行类比的基础上，从代谢的角度认识物质在经济系统中流动过程。通过建立物质经济代谢模型来分析物质在经济系统中流动路径的构成与结构，解析出不同流动路径的影响因子，据此构建循环经济物质流动路径选择模型。本文结构安排主要分为四个重要组成部分：

第一部分：关于循环经济理论范畴研究的思考。本部分主要从对经济增长的生态约束分析出发，指出由于经济过程不可避免要受到熵定律的约束，经济增长必然会受到环境资源绝对稀缺和生态系统承载力的制约。而循环经济理论范畴正是在考虑到环境资源的相对稀缺、绝对稀缺概念的区别，以及经济增长的生态约束的前提下，通过思考生存目的与实现手段互动这一关系，提出新的生态经济发展模式。

第二部分：循环经济与物质经济代谢概念的提出。本部分重点论述经济过程的代谢观点和物质代谢、产业代谢与物质经济代谢概念的演变过程。首先基于对经济过程的生物学类比的思考，分析经济过程与物质代谢过程的内在联系，其次系统分析产业代谢的研究起源、内容及其存在的不足之处。在对物质代谢、产业代谢进行深入分析的基础上，从代谢视角认识物质流在经济系统的流动，进而提出物质经济代谢概念。最后对产业代谢与物质经济代谢的区别进行了初步分析。

第三部分：物质经济代谢的基本概念框架和分析内容。本部分内容重点论述了物质经济代谢概念框架和物质经济代谢分析内容。首先，从经济学角度认识经济系统的物质流动，指出物质流动的本质与稀缺资源配置的关系。其次，探究循环经济理论研究与物质流分析之间的内在关联，以及物质经济代谢分析框架与循环经济理论的关系，最终提出循环经济研究的重要内容是关注融入社会经济因素的物质流分析，而物质经济代谢是循环经济理论研究的微观分析框架。其中，物质经济代谢分析的研究内容包括两大部分：物质经济代谢规模研究和物质经济代谢过程研究。

本部分通过建立物质经济代谢基本模型、通量模型、路径选择模型，来分析和探讨经济系统的物质流流动。针对传统产业代谢分析大多集中在区域层次的物质元素分析，很少考虑企业等经济行为主体，以至于很难进行决策管理和转变相关行为主体的行为、态度之特点，本部分集中提出物质经济代谢通量模型和路径选择模型，即在考虑生态因素的基础上，同时对物质经济代谢过程中空间、经济、行为人等因素分析给予足够的关注，分析不同系统边界中的物质流动状况，描绘其行进路线和复杂机制，构建不同环境假定下的路径选择，对物质经济代谢路径进行分析研究，并对影响物质经济代谢路径选择过程的路径替代与路径依赖进行了初步的探讨。

关于物质经济代谢调控与管理的研究。为了获得我们所需要的物质经济代谢路径，需要对物质经济代谢规模和物质经济代谢过程进行调控。在本部分中首先指出对物质经济代谢扰动现象的正确理解是调控管理的基础，之后在此基础上提出物质经济代谢调控的主要内容，包括物质经济代谢规模的合理调控，以及通过技术、政策等对物质经济代谢过程进行调控管理的模式。最后分析物质经济代谢调控手段政府与市场所承担的角色。

第四部分：包括本文的结论和物质经济代谢研究的相应政策含义以及应该进一步研究的展望。

第四节　研究技术路线和方法

基于本研究具有交叉学科的特点，以及所涉及的广度，本文分别采取经济学、生态学、代谢工程等学科研究方法认识循环经济和物质经济代谢问题。

具体而言，理论分析的定性研究纵贯全文。这是因为，要对循环经济与物质经济代谢进行链接，就必须首先构建具有说服力的理论分析框架，从理论上对循环经济与物质经济代谢的本质关系进行分析，并从中得出相关的结论，特别是归纳演绎的研究方法，在全文的研究过程中都渗透着它的力量。

类比的研究方法。运用类比方法，从代谢角度认识经济系统的物质流动规律，提出物质经济代谢分析框架。

另外，本文在对文献归纳分析研究的基础上，对国内外研究的现状和视角进行比较研究，并提出物质经济代谢研究领域的分析框架。对循环经济的物质经济代谢过程应用代谢工程、网络环境方法的重要思想来建构路径选择模型。

代谢工程分析方法。代谢工程是生物学中的概念，它是关于代谢途径分析和修饰的科学。代谢工程以独特的方式作为一个学科是在 1991 年比利（Baily，1991）[21]首先提出的。他和 Stephanopoulos 在《Science》发表了两篇重要的论文标志着代谢工程新学科的诞生。代谢工程一个重要的创新性的思想和分析方法就是集中关注整体系统的代谢途径。本文吸取该思想，探讨经济系统中物质流动过程[22]。

网络环境分析方法。网络分析是一种非常有用的分析工具，它可以使我们很好地了解相互链接的系统的每一部分之间的直接和间接联系。它通常是基于对相互链接的网络之间的流通媒介的分析来进行的。当然已经有很多学者将它应用于循环指数或者总流量、周转率以及不同组成部分之间联系的分析。网络分析方法在理解和回答系统整体功能的研究领域，已经逐渐获得了众多学者的认同。有关这些方法的研究和进展可以参考普拉特等一些文章[Platt and others（1981）、Ulanowicz and Platt（1985）、Wulff and others（1989）、Higashi and Burns（1991）、and Patten and Jørgensen（1996）]。本文使用该方法来考虑物质经济代谢路径选择模型的构建[23]。

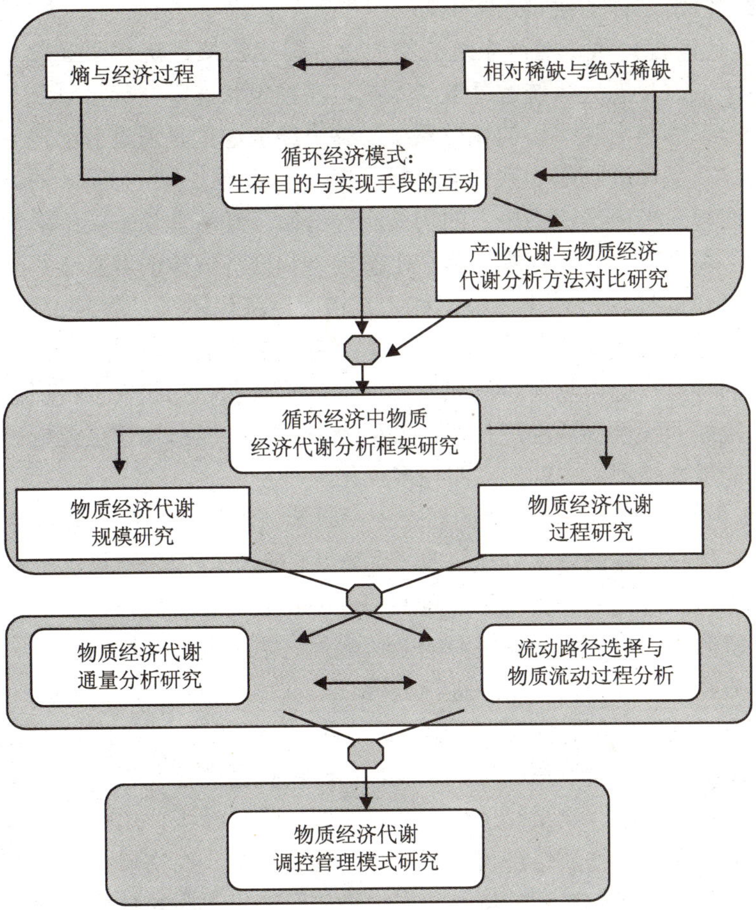

图 1.1　本文研究的技术路线图

第五节　主要观点

1. 指出循环经济模式是生存目的与实现手段互动的结果，循环经济理论研究仍然处于古典经济学、新古典经济学、生态经济学研究的理论范畴中。从经济学意义上讲，循环经济是在给定经济系统存在规模限制的前提下，对经济系统运行所需的资源要素（物质流）进行配置的研究，并将经济系统的物质流作为关注的核心。物质流动的经济学内涵是动态资源配置过程，只不过经济系统的物质流动需要微观经济主体的决策来实现。

2．从代谢视角认识经济系统的物质流，提出物质经济代谢概念。经济系统被视为一个嵌入生态大系统的开放子系统，在稳定状态下，经济系统与生态系统一样是一个远离热力学平衡的耗散系统，整个经济过程是通过劳动使原料和能量转化为最终产品和废物等一系列的物质过程，可以类比于生态系统的物质代谢过程。从代谢视角考虑经济系统内的物质流动给循环经济理论框架中的物质流分析研究提供了新的研究视角。本文将在生态规律和经济规律的双重制约因素下，物质在经济系统的迁移、转化过程，称之为物质经济代谢（过程）。并认为物质经济代谢过程与物质代谢过程共同组成生态经济大系统的代谢过程。根据物质经济代谢过程的特点，提出物质经济代谢代理主体的概念。相比较于传统经济系统中利用效率较低的线性物质经济代谢，循环经济中物质经济代谢过程更加突出物质循环及其能量梯级利用中的流动路径多样化。

3．提出解决循环经济问题的四个宏观政策调控目标，即生态可持续的资源通量速率、稀缺资源的效率分配、收入和财富的公平分配、道德水平的改善。本文提出的物质经济代谢分析框架的重要理论创新涵义是，考虑经济学与生物学的类比，将资源通量速率和稀缺资源的效率配置这两个调控目标融于同一个分析框架，即物质经济代谢分析框架中进行分析。

4．提出通量—路径—绩效的物质经济代谢分析框架，包括物质经济代谢通量分析，物质经济代谢过程分析，以及物质经济代谢调控与管理。并分别建立物质经济代谢基本模型、物质经济代谢通量模型、物质经济代谢路径选择模型，以从宏观和微观上理解物质经济代谢规模和过程。其中，在物质经济代谢过程分析中，根据物质经济代谢过程的特点，提出物质经济代谢路径替代和路径依赖现象对物质经济代谢路径选择过程的影响。

5．考虑到物质经济代谢过程的复杂性，使用网络环境分析方法，吸取代谢工程整体观的分析思想，将影响物质经济代谢代理主体选择行为的因素分为投入环境和产出环境两类，通过建立物质经济代谢路径选择模型来理解物质经济代谢过程中路径选择过程，拓展网络环境分析方法在循环经济研究领域的应用。

第二章　经济的生态约束：物质流的生态和经济学思考

长久以来，面对经济不发达和财富分配不公等一系列问题，经济增长一直被认为是灵丹妙药，但经济增长并不是可以持续依赖的万能之手，它最终要受到自然生态系统所带来的生态约束。本章试图说明：① 基于两个原因，经济过程要受到熵定律的作用；资源利用的技术效率并不能随着资本投资的增长而无限提高，经济增长最终要受到环境资源绝对稀缺性的限制。② 突破经济增长的限制与所选择的经济发展模式具有密切的关系。本章从生态学和经济学角度来揭示经济增长与物质流的关系。

第一节　熵与经济过程

在经济思想的演化过程中，新古典主义学派创立的经济学理论具有重要地位，它秉承了机械论的基本观点。这可以从新古典学派的代表人物之一杰文斯[2]的话中深刻体现这一点："经济学是关于效用和自利的机械学"。自此以后，尽管经济学理论获得了巨大的进展，但经济学的主导思想仍没有超越机械论的思维模式。尼古拉斯·乔治斯库-罗根对新古典范式本质曾做了经典的评述："在标准经济学教材中描述经济过程的循环图式仍然是一个处于完全封闭系统中动荡于生产和消费之间的钟摆运动"[24]。从罗根的话中可以看出，他将经济过程扼要地描述为一个具有自维持功能的机器类比物。

如果探究罗根对新古典范式评价的内在原因，主流经济学家没有深刻理解热力学第二定律及其深层次涵义，也没有认识到为人类生活提供支持和服务的自然生态系统的重要性和脆弱性，是其中的重要解释。在现代经济增长理论中，一般

[2] 杰文斯，英国经济学家，边际主义的代表人物。他在1871年出版的《政治经济学原理》中提出了一个"最后效用程度"的概念，即增加一个最后消费量对人的满足程度。

不考虑自然资源对经济增长的影响。物理学家如休波特，发现这种“忽视”很让人费解[25]：

“人们常说的 GNP 增长率意味着什么？当我试图用煤、石油、铁以及工业所需要的其他物理要素来解释 GNP 的时候，我没有一丝的概念。我所能发现的只是 GNP 是用来记账的东西。它可以膨胀也可以收缩，可以被创造也可以被毁灭，但它并不遵循物理规律。”

然而，早期的古典经济学派的观念并不与现在的主流经济学家的观点相同，他们提出了不同的看法。在配第[3]的经济思想中，一个重要观点是承认“劳动是财富之父，土地是财富之母”。他认为社会财富的真正来源是土地和劳动，而政府课税的最终对象也只能是土地的地租及其派生收入。他把地租看成是剩余劳动的产物，从而也是赋税的最终源泉。从经济发展史也可以看出，与劳动和资本一样，环境资源在经济过程和价值形成过程中起着重要的作用。环境资源到底对经济过程有什么影响呢？如果从热力学第一定律，也就是物质和能量守恒定律分析，经济过程到底做了些什么？

首先我们认识一下生态经济大系统（图 2.1）。生态经济大系统包括自然规律作用的自然过程和社会经济规律的社会经济过程[25]。该图中左右两个圆重叠的部分即表现为社会经济系统的生态约束。生态经济学家尼古拉斯 • 乔治斯库-罗根（1971）[4]认为，经济过程是一个不完全的过程，它存在一个边界，在这个边界上与周围的环境进行物质和能量交流（图 2.1）。经济过程既没有创造也没有毁灭物质和能量。经济过程输入了有价值的自然资源，它产生的东西是没有价值的废物。从热力学的角度看，可以将经济过程描述为低熵的物质—能量进入经济过程后，以高熵废弃物的状态出来。

这里所提的熵，是一个热力学概念，它的通俗含义是热力学系统中能量不可获得性的度量。熵（Entropy）的西文语源自希腊语“变化”，表示变化的容量。这是德国物理学家克劳修斯在 1850 年提出的一个概念，当时他把熵表示为任何一种能量在空间中分布的均匀程度。能量分布得越均匀，熵就越大。如果对于我们所考虑的那个系统来说，能量完全均匀地分布，那么，这个系统的熵就达到最大值（Michael Perelman，1976）。在克劳修斯看来，在一个系统中，如果听任它自然发展，那么，能量差是倾向于减少的。让一个热物体同一个冷物体相接触，热就会以下面所说的方式流动：热物体将冷却，冷物体将变热，直到两个物体达

[3] 威廉·配第（1623—1667）是经济学家和统计学家，也是英国资产阶级古典经济学的创始人。他的代表著作有《赋税论》、《政治算术》、《货币略论》等。基本理论观点有：关于赋税的来源。

[4] 尼古拉斯 • 乔治斯库-罗根（Nicolas Georgescu-Roegen, 1971）被认为是第一个认识到经济过程的存在熵律限制的学者。

到相同的温度为止。如果把两个水库连接起来，并且其中一个水库的水平面高于另一个水库，那么，万有引力就会使一个水库的水面降低，而使另一个水面升高，直到两个水库的水面均等，而势能也取平为止。因此，克劳修斯说，自然界中的一个普遍规律是：能量密度的差异倾向于均等。换句话说，“熵将随着时间而增大”[24]。

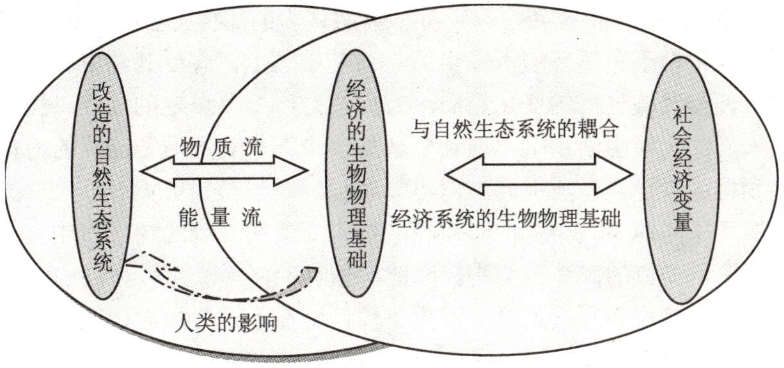

（资料来源： Helmut Haberl，Land Use Poliy，21（2004），199-213）

图 2.1　作为生态经济大系统的自然生态子系统与经济子系统

一般而言，在一个封闭的系统中的自由能将持续不断地、不可逆转地转化为其他形式的能，这就是热力学第二定律，也就是熵定律。从该定律的描述中，可以推断出一个封闭系统中的熵持续上升，整个系统也将逐渐从有序变为无序。这也就印证了这样一个观点——从物理学或者热力学角度看，经济过程仅仅是把有价值的自然资源（低熵）转化为废弃物（高熵）。而且尼古拉斯乔治斯库—罗根认为经济过程真正的产物是非物质流。这也是我们处在一个经济世界而不是自然世界中的根本原因[26]。

“如果我们没有认识到非物质流的存在，我们就不是处在一个经济的世界。如果我们忽略了这样一个事实，即这种流动——就像熵的流动一样，是所有层次生活的特征——只有它能够源源不断地从环境中吸取低熵，它才能生存，否则我们不可能形成一个对经济过程的完整图像。如果再进一步，我们就会发现每件具有经济价值的物品——无论是从树上摘下的果子，还是一件衣服，或者家具等都拥有高度有序的结构，也就是拥有低熵。”[5]（Nicolas Georgescu-Roegen，1971）

---

[5] 但是任何具有低熵的物质并不一定具有经济价值（Georgescu-Roegen, N., The entropy law and the economic process. Harvard University Press, Cambridge, MA, 1971）。

从以上分析可以认识到：人类经济活动依赖于自然生态系统中的低熵资源。从维系人类生存的角度上看，自然环境中的低熵可能比古典经济学家李嘉图所提到的土地更为稀缺。虽然低熵资源与土地一样都是有限的，但是低熵资源，例如煤，只能使用一次。熵定律的最大作用在于解释了经济活动中“为什么一台机器最终会磨损，而不得不使用新机器代替”，也就是再次输入环境中的低熵。

因此，经济过程并不像新古典经济学家所认为的那样，它是一个孤立的过程。经济过程深深根植于自然环境所提供的物质基础之上，并受其约束。也正是这种生态约束，使得经济过程的变化趋向单方向，是一个不可逆的过程。虽然经济增长改善了人们的物质生活水平，但它要增加一个国家对物质和能源的消耗，因此高熵废弃物排放量也会有所提高。但不能忽视的是，自然环境对于人类的价值，不仅在于源源不断地为人类提供用作经济投入要素的低熵的物质和能量，也在于吸纳经济系统所释放的高熵废弃物。因此，假如经济增长可以持续的话，那么经济系统的持续增长也必须满足以下双重条件，即在不过分损害环境之生产能力的前提下充分地利用物质资源，将废弃物排放量限制在环境吸收能力许可范围之内。

第二节 相对稀缺与绝对稀缺

对自然资源越来越稀缺、不可更新资源可能会被耗尽的担忧早已经存在。古典经济学家马尔萨斯提出了关于自然资源稀缺的一条重要的论述：土地资源在所有的稀缺性要素中具有重要的中心地位。另外，有关资源稀缺的危机即将发生等悲观论调多次通过“增长的极限”等论述表达出来[27]。

任何一种稀缺的表述都是相对于需求而言的。稀缺的含义是指[26]个体或者群体的需求超出了满足他们这种需求的资源的供给能力的状态。在稀缺性存在的情形下，必须在一些能够满足和另外一部分不能满足的需求之间做出选择。而可供给的资源也可以通过价格或者计划等资源配置手段进行供给。但是如果不存在稀缺性，那么决策者做出任何一种选择都不是困难的，此时经济学研究也没有什么意义。经济学家之所以使用这个术语来分析，是因为任何一个社会都会因为个体的需求无法被完全满足而存在稀缺性的客观事实。

资源稀缺概念可以从两种角度进行理解，即绝对稀缺和相对稀缺两种表达方式[26]。虽然任何一种稀缺的表述都是相对于需求而言的，但这并不等同于“相对稀缺”所体现的含义。所谓的相对稀缺是指一种特定资源相对于其他资源的稀缺性，或者同一种资源不同品质之间产生的稀缺性。当然，缓解相对稀缺的处理办法只有一个：替代（Substitution）。传统经济学认为可以通过技术创新和价格机制达到用相对比较充裕的资源来替代相对稀缺资源[28]的目的。

而所谓的绝对稀缺含义是指一种普遍意义上的稀缺，即低熵资源的稀缺。绝对稀缺程度的增加是随着人口总量增长和人均消费量越来越逼近生态域的承载力而发生的。造成绝对稀缺性增加的一个重要前提条件是所有经济学意义上的替代都已经做了，但稀缺程度仍然在增加。虽然这些替代可以减缓环境资源绝对稀缺的增长速度，但是它不会根除环境资源的绝对稀缺性（Daly，1991），也就是说对于相对稀缺的处理并不能从根本上解决绝对稀缺的问题。

美国经济学家巴奈特和莫斯（Barnett and Morse）曾对马尔萨斯稀缺（Malthusian Scarcity）和李嘉图稀缺（Ricardian Scaricty）做了重要的区分[6]。所谓的马尔萨斯稀缺是指自然资源利用存在绝对限制（绝对稀缺）；而李嘉图稀缺指的是资源在总量上是不存在限制的，但资源的品质却是不相同的（相对稀缺）（Barnett and Morse，1963）。虽然在传统经济学理论中对相对稀缺进行了充分关注，而绝对稀缺一直没有受到重视。

相对稀缺与新古典范式有着密切的联系。新古典主义的重要成果之一就是对价值的解释有了变化。古典经济学理论认为价值决定劳动，劳动力直接或者间接体现在产出中，这一观点在古典经济学家马克思的劳动价值论已经得到了充分诠释。但以新古典经济学为代表的主流经济学是从价值实现和价值流动的角度来研究经济活动。他们把经济过程描述成为处于完全封闭系统中、动荡于生产和消费之间的、类似钟摆运动的循环图式（Nicolas Georgescu-Roegen，1971）[29]，最终形成了以资源的相对稀缺为基本理论前提，以追求资源配置效率，个人效用和社会福利最大化以及经济增长为主要目标的理论体系和分析范式。相对于古典经济学研究范式，新古典范式对经济的研究途径从生产转向交换；采用需求的边际效用理论和供应的边际生产力理论来解释价格形成机制，而不考虑生态环境要素在价值形成中的作用；对资源的评价仅仅依赖于作为价格决定因素个人的偏好和初始禀赋，忽视了生态环境和社会系统在形成这些过程中的重要性。

新古典经济学家很喜欢“技术力量是无穷的”决定论观点。他们认为人类总是能够发现一种可以代替日益稀缺资源的替代物，而且能够不断提高任何一种具有稀缺性的能源、物质的生产效率。当人类用尽了某些资源，也总会发现一些新资源来替代这些耗尽的资源。为支持技术的力量是无穷的乐观主义观点，经济学家还提出一些更为直接的观点。他们认为只有很少一些资源不受技术进步的影

---

[6] Harold Barnett, Chandler Morse. Scarcity and Growth. Baltimore: Johns Hopkins Press, 1963.

响，最终生产成本不能维持恒定或者降低。另外一些学者提出技术进步呈指数级发展。从表面上看，一个技术的进步导致另外一个技术的进步，这具有合理性，但技术进步并没有像人口增长那样具有累积效应。索罗（Solow）的新古典增长模型以及索罗、丹尼森（Dension）、库兹涅茨（Kuznets）、舒尔茨等人通过实证分析证明技术进步对经济增长的作用。经济学家索罗认为，在资源越来越稀缺的时刻，替代就成为支撑技术进步的关键因素[7]。首先，在消费领域将存在替代。随着消费品的价格对越来越稀缺的资源作出反应，资源密集的商品的销售将下降，消费者将更多购买其他非资源密集性商品。其次，在生产领域也将存在替代。索罗把这一观点推演到生产领域。经济活动的生产函数是关于资本、劳动力、土地等自然资源等生产要素的。他认为生产活动可以用资本、劳动力等生产要素来替代自然资源的投入，从而缓解自然资源的稀缺[30]。

很显然，由于相信技术进步和要素的替代关系，以及生产活动的生态特性，新古典范式从古典学派所崇尚的绝对稀缺思想转移到了相对稀缺下资源配置活动。而且令人惊讶的是，在一些增长模型里，竟然不含有土地或任何自然资源要素，这意味着经济完全可以脱离生态限制而将规模不断地扩大下去。但新古典主义盛行的资源相对稀缺的假定仍然不能掩盖环境资源绝对稀缺性的客观存在。经济活动行为对物质基础即生态环境的依赖性是客观存在的。如果人类想要获得可持续经济发展，而经济增长也必须重视环境资源绝对稀缺性存在的客观事实。

第三节　经济增长、社会福利与物质—能量流

经济增长的可持续性。关于经济增长的不可持续性一直是增长经济学家与其他领域的学者争辩的阵地。如果从物质层面上看，经济仅仅是地球生态系统的开放子系统。地球生态系统是有限的，非增长的，在物质上也是封闭的。随着经济子系统的增长，它会不断从地球生态系统吸收低熵资源，并且达到极限。因此，从最终结果看，经济的增长是不可持续的。一些经济学家可能会反驳说，国民生产总值（GNP）的增长是数量和质量共同增进的结果，因而并不会严格受制于生

[7] 在经济增长理论中，最初的经济增长模型（Harrod-Domar 模型）认为经济增长与劳动和资本相关，但是索罗（Solow，1987 年诺贝尔经济学奖得主）发现了“索罗残差”，即除了资本和劳动数量对增长的贡献外，还有某些因素也发挥了重要作用，索罗将其归因于技术进步。但是索罗的模型里技术进步是外生的，也就是说是给定的，后来经济学研究开始将技术内生化，建立起了包括人力资本和物力资本的内生性增长模型，刻画了人力资本对于经济增长的重要性，Romer（1986、1989）、Lucas（1988）、Becker、Murphy 和 Tamura（1990）、Rebelo（1991）、Mulligan 和 Martin（1991）为此作出了贡献，他们的理论和模型被称作“新经济发展理论”（Ehrlich，1990）。

态规律。这里首先要区分增长和发展两个术语。增长的涵义是："通过吸收或生长产生新增物质从而带来规模上的自然增加。"发展则意味着"扩张或实现了某种潜能；逐渐达到更规范、更令人满意或者更好的状态"（赫尔曼·E·戴利，1990）[31]。

因此，地球生态系统长期以来发展（进化）了，但是并没有增长。经济系统作为它的子系统最终也将会停止增长，但却不会停止发展。既然经济不可能无限度地增长，那么它到底能增长到什么程度呢？戴利认为无论是布伦特兰委员会提到的（Brundtland，1987）5～10 的世界经济增长系数[8]，还是维持现有的规模，它们在现实中都是难以达到的[32]。因为经济增长会受到环境资源绝对稀缺的约束。

经济增长、社会福利与资源利用的脱钩。经济增长是一国在一定时期提供的物质产品和服务的价值总量的增长。经济增长可以通过消耗较多的资源得到，也可以通过消耗较少的资源获得。无论经济增长可以达到什么样的程度，还是需要什么样的社会福利，都摆脱不掉环境资源对经济系统的生态束缚。因此经济增长、社会福利是否具有可持续性可以通过考量经济、社会福利与资源利用逐渐脱钩化（Decoupling）的程度来进行。一般在三种情况下，脱钩现象的容易发生：

- 第一，经济增长与物质和能量消费的通量的脱钩，即追求效率的增加来导致减物质化（dematerialization）。现行的经济增长度量指标一般使用 GDP 的增长。
- 第二，物质和能量通量与社会福利的脱钩，也即如何满足需求的问题。一般与社会消费模式的转变有着极大的关系。
- 第三，社会福利与经济增长的脱钩，也就是所谓的公平分配问题（Fischer-Kowalski and Haberl，1998； Paehlke，2001； Sachs，1999）[3]。

在这三种脱钩关系中，以经济增长与物质能量通量的脱钩研究最为盛行。一般来讲，经济增长与通量的脱钩关系主要分为三种：无脱钩（Non-Decoulping）、相对脱钩（Relative Decoulping）、绝对脱钩（Absolute Decoulping）三种情形。

- 第一种情形是指 GDP 的增长与通量的增长速度相同。
- 第二种情形是指生产单位 GDP 所需要的通量随着时间逐渐变小。
- 第三种情形是指总通量随着时间下降，而 GDP 随着时间上升。

减缓经济系统规模的不断膨胀，所需要的正是第三种情形，第二种仅仅是一

---

[8] 假定美国每年的资源消费量占了世界资源总消费量的 1/3。假设 R 是世界资源消费量，那么美国的资源消费量即为 R/3，用 R/3 除以美国人口 2.5 亿，即为美国人均资源消费量。同样，用 R 除以世界总人口可得世界人均资源消费量。假定人口规模不变，未来使世界人口人均资源消费量等于美国人口人均资源消费量，就必须使 R 扩张一个倍数，如果设定这个倍数为 M，M×R/世界人口=R/3/美国人口。这个 M 称之为经济增长系数。

种过渡状态。但是实现上述这些情形，需要重新认识经济发展与环境资源的关系，对经济系统的结构和运行模式进行生态学反思。

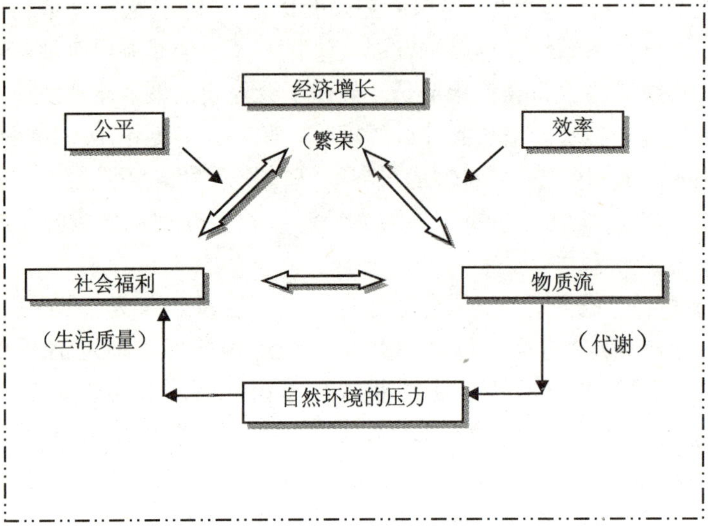

（资料来源： Fricher-Kowalski and Haberl，1998）

图 2.2 物质流和能量流与经济增长、社会福利

第四节 生态经济学、产业生态学对经济学的反思

一、经济学的生态视角：生态经济学

传统的经济学和生态学对“经济系统与生态系统的内在关系”这一问题很难给出令人满意的答案，这也就促使越来越多的学者在重新审视传统经济发展模式的基础上，试图寻找生态与经济协调发展的新出路，生态经济学正是在这种背景下应运而生的。生态经济学的产生是经济发展到一定阶段的产物。

生态学是以研究生态系统为核心的科学。生态系统是指一组相互作用的生物群体和它们所处的非生物环境。古希腊词汇“oikos”是经济学和生态学中“eco”的共同的词根。“oikos”的意思是“家庭”，可以说，生态学是研究自然生态系统的“家庭管理”，而经济学是研究人的“家庭管理”。基于此，生态经济学可以界定为研究这两组家庭管理如何相互关联，这也正是可持续问题的由来。

20 世纪 60 年代末期，美国经济学家鲍尔丁正式提出了“生态经济学”（Boulding，1970）[33]。多数生态经济学家认为，生态经济学是生态学和经济学相互结合形成的一门新兴交叉学科。其中比较权威的论述是著名生态经济学家克斯坦萨（Robert Costanza）给出的定义[34]：

生态经济学是从最广泛的意义上来阐述生态系统和经济系统之间的关系，而当前所面临的许多最紧迫的问题（包括可持续发展、酸雨、全球变暖、物种灭绝、财富分布）正是这些关系的具体体现。

除了资源环境经济学和生态经济学涉及了一部分内容外，目前任何一个学科都没有很好地系统解决这些问题。生态经济学的目的就是要深入系统地研究这些交叉领域，将新古典环境经济学和受生态学影响的学科纳入其子学科之列，同时也鼓励用新方法来考虑生态系统和经济系统之间的联系。

虽然大都认为生态经济应该是生态系统和经济系统的协调发展，但其出发点却不尽相同。经济学家把环境看做经济的一个子系统，生态学家则与之相反，把经济看做环境的一个子系统。布朗在其著作《生态经济：有利于地球的经济构想》[35]中提出经济系统是生态系统的一个子系统的观点，并将这一思想同哥白尼挑战“地心说”对人们世界观的影响相提并论。他认为如果经济子系统的运作不能与大系统——地球生态系统相互协调，势必两败俱伤。相对于生态系统，经济规模发展得越大，施加给地球自然极限的压力越多，这种不和谐造成的破坏就越严重。因此，生态经济要求经济政策的制定，要以生态原理建立的框架为基础。生态学家与经济学家之间的关系，犹如建筑师与建造商之间的关系，理应由生态学家给经济提供蓝图。他们懂得一切经济活动和所有生物对地球生态系统的依赖关系——不同物种共同生存，彼此之间以及它们栖息地之间相互影响。这些数以百万计的物种，生存于复杂的平衡之中，通过食物链、营养物循环、水文循环以及气候系统相互交织在一起。经济学家懂得如何把目标变成政策。经济学家和生态学家携起手来就可以构建出一种可持续发展的经济。

生态经济学作为一门学科出现是在 20 世纪 80 年代。1988 年，国际生态经济学会（ISEE）的成立，以及 1989 年《Ecological Economics》刊物的创办，是生态经济学正式创立的重要标志。从生态经济学产生与发展的历程来看，国外生态经济学的研究大体可划分为三个阶段[36]。

（一）生态经济学概念的酝酿和产生阶段（1850—1969 年）

生态经济学（ecological economics）的产生与经济学（economics）和生态学（ecology）的发展有着密不可分的关系。生态学是德国生物学家海因克尔（E.Haeckle）于 1866 年提出的，比生态经济学的出现大约早一个世纪。1935 年英国生态学家坦斯利（A .G. Tansley）提出了生态系统的概念，为后来生态经济学的产生奠定了自然科学方面的理论基础。正是生态系统思想的产生，人们才有可能把生态系统与经济系统作为一个整体来加以考虑。

传统的生态学只研究生物与环境的关系，而不考虑人类活动的社会经济问题。经济学的发展和人类活动对自然环境影响的不断加深，促使生态学的研究领域和研究重点逐渐向人类社会经济活动领域扩展，从主要研究自然生态系统过渡到主要研究人类生态系统。20 世纪 20 年代中期，美国科学家麦肯齐（Mekenzie）首次把生态学的概念运用到对人类群落和社会的研究上，主张经济分析必须要考虑生态过程。1942 年，美国耶鲁大学的学者林德曼（R. L. Lindeman）创立了生物量 10%定律。1962 年，美国生物学家卡逊（Rachel Carson）发表了著名的科普读物《寂静的春天》，第一次向世人揭示了近代工业带来的环境污染对自然生态系统的巨大破坏作用。

这期间研究的重要特点是生态学家倾向担心自然的极限，经济学家则倾向于不承认任何这方面的限制。生态学家按照自然法则，从循环的角度看待事物，而经济学家则更多地考虑直线或曲线的运行。经济学家非常相信市场的力量，生态学家则经常不满于市场的缺陷（布朗，2000）[35]。

而后由于经济学和生态学交叉发展，各种论述生态经济问题的著作相继问世，如污染经济学、环境经济学、资源经济学等。20 世纪 60 年代中期，波尔丁发表了《宇宙飞船经济学》，引起了巨大轰动，20 世纪 60 年代末期，他正式提出了生态经济学的概念。

（二）全球生态经济问题的大辩论阶段（1970—1987 年）

这一阶段最显著的特征就是涌现出大批关于全球资源、环境与发展方面的论著，而且引起了全球范围内的大辩论。1968 年，以研究人口、资源、环境为主要内容的“罗马俱乐部”成立；1972 年，美国学者米都斯（D.Meadows）发表了罗马俱乐部的第一个报告《增长的极限》；而后出现了一大批相关论著，如英国生态学家爱德华・哥尔德史密斯的《生存的蓝图》，巴巴拉・沃德和雷内・杜博斯合著的《只有一个地球》等。

依据他们对经济发展的态度，主要划分为三个学派：悲观派、乐观派和中间派。悲观派以“罗马俱乐部”为主要代表，其主要观点是，经济和人口的增长是生态危机的主要原因，人类社会的经济和人口增长是有极限的，因此他们主张限制增长；乐观派以美国未来资源研究所所长卡恩为代表，其主要观点是，人类正处于从贫困到富裕过渡的400年“伟大转变”的中期阶段，这个过渡只有在经济不断增长的情况下才能实现，因此他主张必须保持经济持续增长的势头；中间派以尼斯的《环境经济学》和阿尔温·托夫勒的《未来的震荡》《第三次浪潮》为主要代表，其观点介于以上两者之间，既不悲观也不乐观，而是现实的对待和分析人类面临的问题。

总之，无论是悲观派“增长的极限”还是乐观派“没有极限的增长”基本上都认为人类社会正面临着很多经济发展与生态环境方面的严重问题[37]。因此，经济与环境协调发展理论的创立成为了时代的迫切要求。

（三）生态经济学价值理论及研究方法的形成和发展阶段（1988年至今）

1988年国际生态经济学会（ISEE）的成立，以及第二年《Ecological Economics》刊物的出版发行，成为生态经济学研究的重要里程碑。从此以后，生态经济学的发展进入了一个新的阶段。这一阶段到目前为止主要有三方面的重要进展。

第一，对生态经济学基本框架的讨论。美国著名生态经济学家克斯坦萨在《Ecological Economics》创刊号的首篇文章中给出了生态经济学的概念及其需要研究的生态经济问题[38]。生态经济学是一门从多学科交叉的角度阐述经济系统和生态系统之间关系的学科，克斯坦萨给出的生态经济学概念可以概括为：生态经济学是研究生态系统和经济系统之间的关系，特别是利用跨学科和多学科的方法去研究当前的生态经济问题。

第二，对生态经济价值理论的研究。实际上，自从20世纪60年代生态经济学被提出以来，一些学者就开始探索生态经济资源的价值问题了，各种价值学说相继涌现，如边际效用论、均衡价格论、自然资源价值论等，这些理论大都是从传统经济学的理论出发来研究生态经济价值的，它并不能反映环境资源与经济的本质关系。奥多姆（Odum）在以往能量价值学说的基础上，提出了能值价值理论，为生态经济资源价值的研究开辟了新途径[39]。而后，基于生态系统和经济系统的特征以及热力学定律，奥多姆又提出了以能量为核心的生态经济系统分析方法——能值分析（Emergy Analysis）。能值是“一种流动或者存储的能量中所包含的另一种形式能量的数量”，或者说是“产品和劳务形成过程中直接和间接投入应用的一种效能的数量”。能值分析就是把生态经济系统中不同种类的能量转换成同一基准的能值，来分析和衡量系统内部的能量运动特征。

奥多姆的能值理论以及能值分析方法为生态经济学这一阶段的研究提供了很重要的理论基础和研究方法。后来的学者又发展了这一理论和方法，开展了一系列关于可持续发展评价指标的研究，并成为该时期生态经济研究的一个热点领域。如绿色国内生产总值（GGDP）的研究对传统的国民经济核算指标 GDP 进行了完善；戴利和柯布提出的可持续经济福利指数（ISEW）；柯布等人将 ISEW 又进行修正提出的真实进步指标（GPI）；瑞斯（Rees）提出的生态足迹（Ecological Footprint）是一种更直观与综合的评价可持续发展状况的模型指标；在这些指标研究的基础上，考虑到原有国民经济核算体系（SNA）没有反映自然资源稀缺和环境质量下降两个方面的缺陷，联合国统计局于 1993 年建立了新型的国民经济核算体系——综合环境经济核算体系（SEEA）。

第三，生态系统服务价值计算方法的研究。其中最有影响力的是克斯坦萨等 13 位学者建立的生态系统服务价值评估指标体系。他们将全球的生物圈分为 16 个生态系统类型， 将全球的生态系统服务分为 17 个指标类型，并根据建立的指标体系，对全球的生态系统服务价值进行了定量计算。结果是，全球生态系统服务每年的价值为 16×10^{12}～54×10^{12} 美元，平均价值为 33×10^{12} 美元，相当于同期全世界国民生产总值（GNP）（大约 18×10^{12} 美元）的 1.8 倍[40]。该研究成果于 1997 年在国际著名期刊《Nature》上发表以后，引起了全球范围内的巨大轰动，也掀起了国际生态经济学研究领域对生态系统服务价值研究的热潮，从而为生态经济系统的研究开辟了一个新的研究领域和研究方法。

经济行为对物质基础即自然环境的依赖性，是古典经济学而不是新古典经济学主要关心的问题，波尔丁、戴利、克斯坦萨等经济学家是少数几个学者。他们在新古典经济学占有统治性地位的环境中，仍然在经济学研究中强调自然规律。

二、产业系统的生态学模拟：产业生态系统与产业生态学

在 1989 年，罗伯特·弗罗什和尼古拉斯·盖洛普提出了“产业生态系统”的概念[9]。产业生态系统理论作为解决产业与环境问题的富有想象力和实践性的思想，很快得到认可和接受，并催生了产业生态学这一新学科。基于尤金·奥德姆的生态系统演进思想，T. E. Graedel 和 Braden R. Allenby 提出了产业系统演化发展的三个阶段。产业生态学认为，自然生态系统通过上亿年的进化过程中，它

[9] Frosch R A,Gallopoulos N E.,Strategies for manufacturing.*Scientific American* ,1989, 261(3): 144-152.

对物质和能量的流动与转化过程大致经历了从线性流动、不完全循环和完全循环三个阶段的进化历程，才成为今天比较完善和稳定的自然生态系统。产业系统的出现要晚得多，它既是自然生态系统演化的产物，又与自然生态系统在性质上和对物质、能量的利用方式上具有本质的不同。从长期而言，产业系统必然要经历这样一个演进过程，最终建立起包括生产者、加工者、消费者以及分解者这四个基本功能单元为支撑的、类似自然生态系统的产业结构体系和物质循环和能量流动模式。产业生态学这种产业系统转型理论和鲍尔丁的从“牛仔经济”向“宇宙飞船经济”转变具有很大的类似性，都是把实现系统内物质的循环利用作为最终出路。

产业生态学的核心思想是将产业系统类比为生态系统的一种特殊形式。产业生态学认为至少可以将产业体系描述为这样一种形态：如同生物生态系统一样的物质、能量以及信息的流动和存储。同时，承认产业体系是构筑在自然生态系统所提供的资源基础上的。理想的产业生态系统如图 2.3[41]。其组成应该类似自然生态系统的组成结构。系统内不同行为者之间的物质流应该远远大于进出生态系统的物质流。

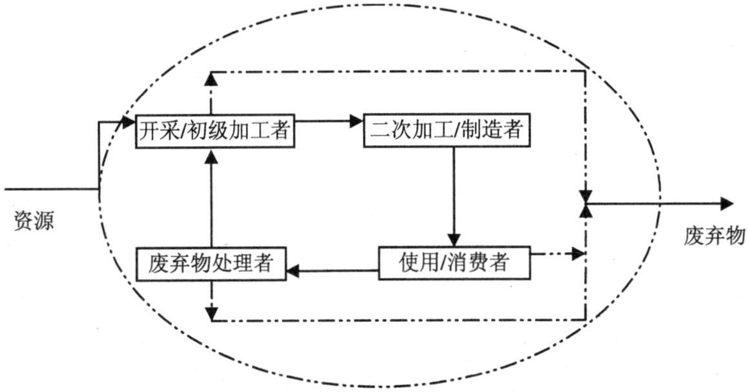

（资料来源：苏伦·埃尔克曼：工业生态学，经济日报出版社，1999 年）

图 2.3　理想产业生态系统

把产业系统与自然生态系统进行比较和模拟是产业生态学研究视角的主要特点，但是这也是产业生态学存在问题的根源。不论是从模拟还是从比喻的角度描述产业系统与生态系统的关系，在强调两者之间共性和联系的同时，不应该忘掉两者作为两个不同性质的系统之间存在的巨大差异。因此，对于产业生态系统的理解，一方面明确地承认，产业系统作为人类社会的一个组成，是自然生态系统演化的产物，产业乃至整个经济系统的发展不仅要符合经济规律，而且还要遵循自然规律；另一方面也要看到，产业系统与生态系统在性质上和对物质、能量的利用方式上具有本质的不同。产业生态系统的主要活动者是人类。而严格意义上的自然生态系统是不考虑人类的活动的。人类按照自己的思维方式来对自然生态系统进行改造和加工，以合乎我们的目的。但遗憾的是，无论从各个方面看，人都无法保证自身思维的绝对合理性，也无法保证行动的目的和手段不存在缺陷。在产业系统中产业所提供的产品或服务主要是用来进行交换的，消费需求决定生产，是一个自下而上正反馈调节过程；而在生态系统中则是生产决定消费，是一个自上而下的负反馈调节过程。另外，还有生产所采用的技术和产品的组分等。正是这些差异可能限制了生态系统对于产业系统的参照价值，除非人类主动改变主导其生产和消费的内在机制。

产业生态学的本质是将生态学原理应用于产业的产品生产系统，研究产业活动、产品与环境之间的相互关系，从而改善现有的产业生产系统。其主要分析框架见图 2.4。

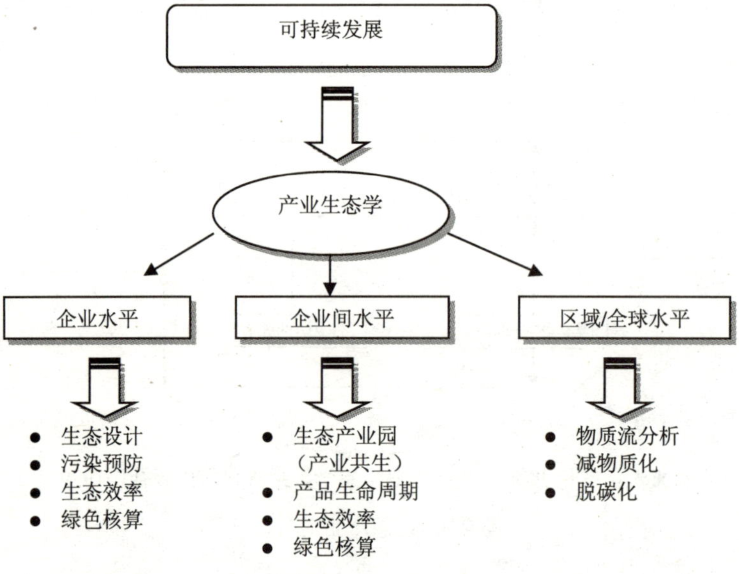

图 2.4 产业生态学系统分析框架

我们知道，长久以来体外生命过程是生态学的研究对象，但生态学家们将其从人类经济中抽象出来，只研究自然界的相互依存关系；而经济学家们更倾向于将自然界从生态环境抽象掉，只研究商品与人之间的相互依存关系。而自然与人之间的关系谁来进行研究呢？幸运的是，无论是生态经济学还是产业生态学的兴起都对这个问题进行了回应。这里使用生物学家马斯顿·贝茨（Marston Bates，1960，P.247）[26]的经典论述来结束这个部分的介绍：

“接下来我们来看看人类及其在生命系统中所处的位置。在生态学研究中，我们本不该以‘让我们假定人是不存在的’这样一个假定把人忽略掉，这对人类不公平。经济学家做研究时，对自然界采取了同样不公平的态度，他们说：‘让我们假定自然界是不存在的’自然经济与人类生态是不可分割的整体，任何试图将它们割裂开的努力不仅容易引起误导，而且也是危险的。人类的命运与大自然的命运息息相关，工程学式的思维的傲慢自大也不能改变这种关系。”

本章小结

经济过程的生态约束使得经济过程的变化具有单方向、不可逆的特点。虽然经济增长能够改善人们的物质生活水平，但是由于它必须要增加一个国家对物质和能源的消耗，因此它也必然会使高熵废弃物排放量有所提高。自然生态系统对于人类的价值，不仅在于它源源不断地为人类提供用作经济投入要素的低熵物质和能量，也在于它又吸纳着经济系统所释放的高熵废弃物。相对于人类社会的无限需求来讲，环境资源的稀缺不但有一般意义上的相对稀缺，还具有绝对稀缺的含义。但是对相对稀缺和绝对稀缺两种概念涵义的区分，并没有引起包括主流经济学在内大多数经济学家的认同或者注意，他们的观念仍然是以相对稀缺为假定来进行经济学研究的，并没有认识到由于环境资源绝对稀缺可能引起的愈发升级的资源和环境问题。

然而，幸运的是在人类开始逐渐面对这些无法回避的生存问题时，从生态学找到了解决问题的可能选择。无论是生态经济学还是产业生态学，它们作为一门还不太成熟的学科研究领域，体现了包括经济学家、生态学家在内的许多领域的学者对经济增长的生态限制的反应：从生态经济大系统看，经济系统的增长必须满足以下双重条件，即在不过分损害环境之生产能力的前提下充分地利用物质资源，将废弃物排放量限制在环境吸收能力许可的范围之内，现有的经济增长方式需要改变。但是，我们所需要的转变内容是什么，应该如何转变呢？

第三章 循环经济：生存目的和实现手段的互动

既然我们希望能够在地球上持续生存下去，那么能够持续生存的经济发展模式应具备什么样的特征？不可否认，循环经济模式的提出给我们增加了一个选择（alternative），我们不但需要认识到这样一个客观事实和机会的存在，也更需要认真思考一下循环经济模式的内涵和它应具有位置。本章将试图从生存目的—手段思想，探讨以下问题：第一，应该如何理解循环经济模式与经济学，特别是古典经济学、新古典经济学研究的内在联系；第二，从经济学涵义上看，循环经济研究应该关注什么。

第一节 生存目的—手段序列

随着经济规模的不断膨胀，资源环境问题日趋恶化。但是，新古典经济学理论并没有对经济活动生态限制给予充分的关注和认识，这直接影响了对问题的解释和解决的进度。在这样的情形下，很有必要重新唤起对古典经济学家所提出的环境资源绝对稀缺理念的重视。而在这之前，对主流经济学经常所提到的目的与手段（Ends and Means）（Daly，1973）之间的分析，会有助于理解上述问题。

目的—手段序列如图[42]3.1 所示。

- 最终目的和基本手段：从图 3.1 中可以看到，序列的顶端代表了终极目的（Ultimate Ends）。戴利认为这里所讲的终极目的是一个自然而然不用加以论证的美好目的，并且无须通过与更高层次的美好目的建立联系，也就是说最终目的不需要再服务于其他任何目的。序列的最底部是基本手段（Ultimate Means），也就是戴利所谓的最有用的东西——人类只能使用而不能生产或者更新的低熵物质—能量（Low-entropy matter-energy）。

◆ 中间目的和中间手段：在终极目的之下，有一系列分等级的中间目的。这些中间目的在某种意义上是为终极目的服务的，也就是说，这些中间目的并不是我们最终想要和需求的。中间目的之间会因为它们各自的重要性而存在一个排序问题，排序主要依据中间目的与终极目的的关系。因此，要确定目标的优先顺序就需要首先确定一个起点，排序的原则和终极目的。很显然，从戴利观点看，经济生产活动并不是经济活动的最终目的。基本手段之上是中间手段（所谓的存量），这里的中间手段也可以看做是为基本手段（物质能量的熵流）直接服务的目的。

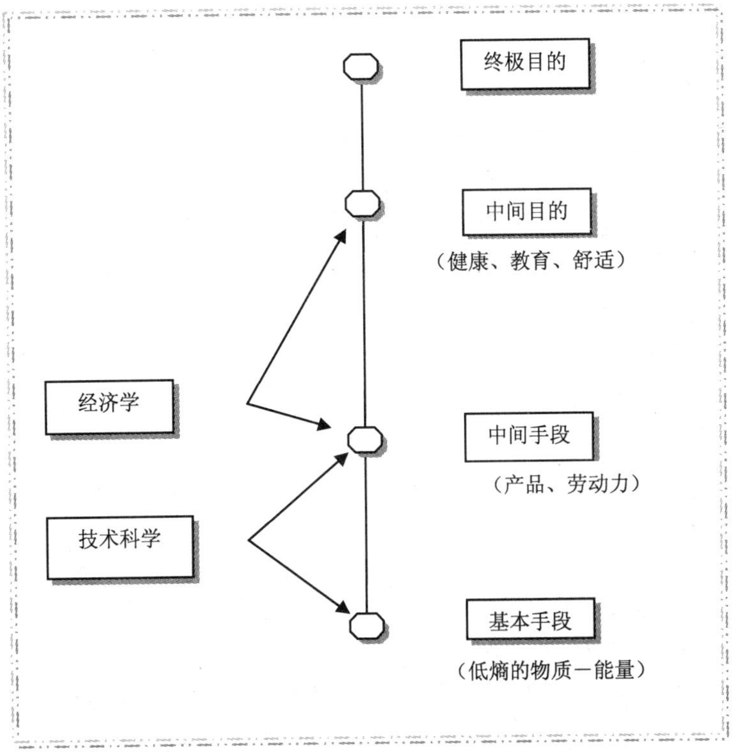

（资料来源：Herman E.Daly.1991.Steady-State Economics. Island Press，Washington ，D.C）

图 3.1　目的—手段序列（Ends and Means）

该序列的左侧给出了对应于右侧每个阶段的学科。经济学在这个序列占据了中心位置。如果从序列整体看，很明显，经济学与终极目标和基本手段并没有取得直接联系，因为后者仅仅出现在两端。但是，并不能因为没有取得直接联系，就应该忽视经济学与终极目的和基本手段之间的关系。而主流经济学家也正是因为忽视了序列的两端——终极目标和基本手段，导致了他们将处于竞争性目的和稀缺性手段之间的中间手段误认为代表了整个目的—手段序列。这种观念在新古典研究范式中尤其明显：新古典经济范式的最大特点就是在处理效率问题时，很少关注对目的—手段序列的两个顶端的关注和考虑，对于他们而言，甚至伦理学和技术性科学也是边缘学科。

人类追求经济发展的原因可能有很多种，但是其中最重要的理由仍然是为了满足人类自身的需求和愿望。这样的需求和愿望是不是能够达到呢？回答这个问题需要的理论体系非常复杂，但仅仅从满足经济发展所需要的环境资源的可得性来看，经济系统的产出并不能满足所有的需求，因为它们要受到环境资源绝对稀缺的限制。如果将经济系统看做是一个开放的系统，那么它的最根本需要是低熵资源的投入。虽然不同种类低熵资源（低熵的表现形式）之间存在一定的替代（如煤与石油），但是"低熵投入"本身却是不可替代的。也就是说，人类并不能单单通过获取大量人造资本来满足人类需求。如果我们认识到这一点，就会发现主流经济学可能过于关注和相信经济无限制增长对满足人类需求的作用了。从目的—手段序列看，产生这种观念的最重要原因可能是主流经济学存在理解整个人类生存目的—手段关系的片面性。基于人类能够持续生存的认识，我们可以看出，人类不但是在现在，而且在未来都需要认真面对一个最根本经济问题，即"如何利用基本手段为终极目的服务"。当然，可以把这样一个根本的经济问题分解为若干更为具体的子问题，在现实中也的确是这样做的。但需要强调的是，最根本的经济问题与这些子问题具有内在联系，子问题之间也存在内在联系，而这些内在联系存在的客观性是不能忽视的。因此，当我们在现实中试图解决每一个具体的子问题同时，绝对不能忘记目的—手段序列中的其他子问题的客观存在。

虽然一些研究经济增长的经济学家，比如索罗（Solow），也认识到一些不可更新资源的确是有限的，但是他不同意所有资源存在绝对稀缺这一判断[26]。另外，这些经济学家还支持诸如技术总能为逐渐耗竭的不可更新资源找到可替代的新资源的观点。一些学者还提出这样的观点：中间手段稀缺的根本原因仅仅是因为转化基本手段的能力（如技术、智力水平）还没有充分发挥出应有的潜力。

然而，如果考虑到这个序列的两个顶端，上述观念就值得商榷。因为从序列的整体出发，我们可以看到，经济增长仅仅是为满足更多中间目的的一种中间手段。实现终极目的的基本手段是有限的，而且不能通过技术来解决。中间手段在超越某个极限后，它的进一步积累不仅不能服务于终极目的，反而还会成为环境资源持续利用的威胁。戴利肯定了这种观点，他认为基本手段的绝对稀缺将最终限制经济增长的永恒性。

至此，所有的问题都归结到如何利用基本手段最好地为终极目的服务这一根本问题上来，也就是戴利所谓的终极政治经济学。我们在对待这一根本问题时，既要强调问题的整体性，又要强调将问题分解为更可操作性的具体子问题的必要性。在解决每个阶段的问题时，一定要考虑其他步骤，否则任何的努力只会使原始状态变得更为糟糕。正如戴利所说[26]："我并不想说仅仅朝着某一个方向的工作是正确的，朝着另外一个方向就是错误的。关键的一点就是，问题的各个部分应当是相互关联的，不能孤立的处理。尽管在理想中，我们的出发点应当是终极目的，但我们在这条道路上所遇到的各种伦理的，经济的，甚至技术的问题，所累积起来的经验将会为我们找到一条发现其性质的线索。"（Daly，1993，p.30）

第二节 循环经济模式：生存目的和实现手段的互动

人类社会要不断前进，经济也要不断发展，这在客观上要求我们必须要考虑经济发展的可持续性问题。但是，环境资源的绝对稀缺性、经济增长的生态限制给追求这种可持续性也带来了难以回避的挑战。为了适应这种形势，有必要重新考虑现有"牛仔经济"（Cowboy Economy）型经济发展模式的合理性，以及应该如何转变这种模式。探索新的发展模式，既是人类对生存目的反思的结果，也是实现手段的重要特征。正是在这种背景下，循环经济模式应运而生。一般认为，鲍尔丁的"宇宙飞船经济学"（Boulding，1966）为循环经济模式提供了思想渊源。

鲍尔丁指出，在"牛仔经济"式的经济发展模式中，衡量经济成功与否是由被经济过程中加工和转化的产品流来决定的，也就是说，经济成功与否是用 GDP 或者 GNP 等指标来衡量的。但是，在鲍尔丁所谈到的"宇宙飞船经济"式的经济发展模式中，他认为地球是一个封闭系统，它只能接受外界的能量输入，然后通过热辐射流的形式进行能量输出。如果人类想在这个封闭的环境下生存下去，就必须维持生态圈的不断再生，并在其中找到自己所能扮演的角色。物质的利用仅仅限于在每个时间段里能够循环的物质。因此，衡量经济的尺度并不能仅仅用传统的 GNP 等宏观经济指标，而要强调资本存量数量和质量等指标的应用，当然这也包括人类的身体和精神状态[1]。

鲍尔丁提出的循环经济思想正是基于人类持续生存的基本前提下，对经济增长生态约束的反思。如果按照戴利（Daly，1973）所提出目的—手段序列理论理解，循环经济模式是人类为实现持续生存目的，与实现手段互动的结果。“为了在地球上持续生存”这样一个“自然而然不用加以论证的美好目的”，我们需要维持经济系统中物质流和能量流通量的较低水平（基本手段），这是循环经济模式目标定位的主要特点。虽然不能确定循环经济模式是实现最终目的的唯一手段，但是从目前人类对自然生态系统的理解水平看，循环经济模式是一个比较好的选择。

考虑到经济增长的生态约束，本文认为，从经济学研究的角度看，循环经济理论研究需要解决的基本问题主要有两个：首先是从宏观层次上，经济的最优规模和规模限制下区域经济发展模式转变问题；其次是从微观层次上，如何借助新古典经济学理论为这个宏观目标提供实施手段，也就是规模下的资源最优配置问题。当然如果从本文的研究主题——经济系统物质流来看，可以对上述两个问题进一步表述，第五章将从这一视角对此问题进行深入阐述。这里需要强调的一点是，循环经济研究应该强调这一基本观点，即最优规模与资源配置效率具有内在的联系，两者具有互动的关系。这一观点的背后考虑了经济发展的动态和演化的特点。从目前的研究水平看，区域生态环境承载力的确定是一个难度很大的工作。这里描述的“难度大”不仅仅是考虑到主观上的识别技术水平局限，更多的是强调客观上生态系统自身具有的复杂性。正是基于这一点考虑，对于区域生态环境承载力的认识和确定，更需要从动态和演化的观点去理解，当然技术进步等因素对经济效率的改进，也会体现这一特点。基于上述内容，就可以理解最优规模与最优效率的“互动性”这一观点：最优规模影响最优效率设定，而最优效率影响最优规模的确定。

规模（Scale）这个术语是个简称，其原意是指生态系统中人类存在的物理范围或者规模，以人口与人均使用的资源规模的乘积度量。经济的最优规模和规模下的资源优化配置是完全不同的两回事。经济规模下的资源最佳配置是指戴利所提到的微观经济学问题，而生态系统相关的整个经济的最佳规模是指戴利所提到的宏观经济学问题。戴利对这两者的区分有一个很形象的比喻。他认为微观的分配问题就类似于在一条船中对于给定的负载如何进行最佳分配。但是一旦负载的最佳相对位置确定后，即使这是一个最佳的装载方案，还存在这条船所能承受的绝对负载问题。而现在海事惯例中的负载线标志就是绝对负载的规模。当水位达到负载线时，船就满负荷了，达到了它本身的安全承载能力。当然，如果负载的分配很糟，水位线很快就会达到负载线。但是，即使一条船的负载是最佳分配的，随着绝对负载量的增加，它的水位线最终也会达到负载线。超出负荷的最佳装载的船就会沉没——尽管它们将以最佳的方式沉没。循环经济研究的一个重要任务就是在考虑生态环境承载力的基础上，识别出类似于负载线标志的经济标志——以防止经济的绝对规模，即经济负载沉没我们的生态方舟[43]。

但无论是古典经济学理论，还是目前的主流微观经济学理论体系，都还不能对经济的最佳规模进行判断。与古典范式、新古典范式相比，生态经济学更关注经济最优规模界定问题。生态经济学家戴利认为经济的最优规模应该与分配公平、充分就业或者价格水平稳定这些传统的宏观经济调控目标列在同一层次。虽然从最优规模的重要性程度看似乎应该这样，但是如果将规模调控列为宏观经济目标，却存在与其他宏观经济调控目标相互冲突的可能性。例如传统经济学认为扩大就业就是扩大生产，而这明显意味着扩大经济规模。即是宏观经济问题中的通货膨胀也被认为是扩大实际产出和更大的规模。

从新古典研究范式看，新古典经济学仍然是一个擅长解决效率问题的经济学理论。新古典经济学理论中一个经常被大家遗忘的重要观点就是，没有一种土地和财富分配方式是在道德上正确或者为社会所接受的。许多经济学家曾指出，不同的财富分配体系将可能导致的不同后果，无论是上层阶级和贫穷阶级，还是一套公平财富分配制度，抑或介于两者之间的多数人，新古典经济学家都不能指出哪种分配方式好或者坏。财富的分配问题以及社会到底可以容忍多少贫穷人口都是由社会结构和政府行为来决定的。新古典经济理论仅仅针对财富分配形成共识时，市场是如何反映的这个部分作出合理的解释，对于其他问题则显得无能为力。

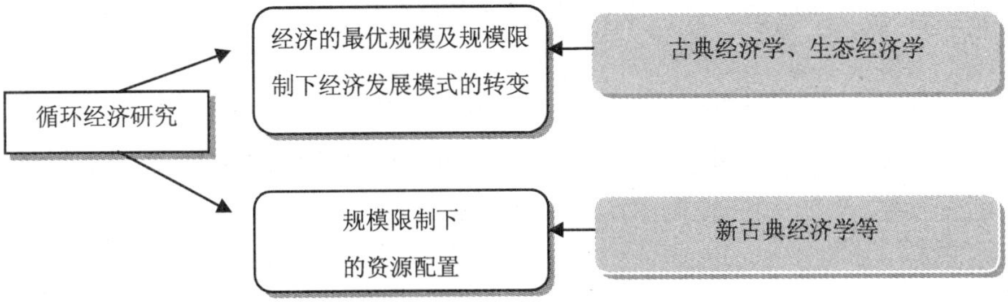

图 3.2 循环经济的研究内容

同样的状况也适用于对规模与资源配置内在关系问题的处理。我们不该寄希望主流经济学理论告诉我们，到底应该如何确定经济系统的最优规模。根据经济系统的生态约束来确定经济的规模限制，而非按照任何一个主流经济理论中的计量模型提出的假设来处理。一旦确定了经济系统的规模限制，主流经济学，特别是新古典经济学，就可协助我们在市场体系下以最有效率的方式，来达成这些既定的目标。因此，新古典经济学理论等可以在确定规模上限后，帮助我们寻找最优的资源配置。

因此，要解决循环经济研究所面临的这两个重要问题，不但需要生态科学和新古典经济学，也需要古典经济学和生态经济学研究和积累的成果来处理，循环经济研究对这两个问题的解决仍然要依赖前者的理论范畴。从这一点看，循环经济研究恰恰体现了交叉学科的特性。

本章小结

- 从人类持续生存的角度讲，循环经济模式的出现是生存目的和实现手段互动的结果。
- 循环经济研究应该关注两个重要的问题：首先是从宏观层次上，经济的最优规模和规模限制下区域经济发展模式转变问题；其次是从微观层次上，如何借助新古典经济学理论为这个宏观目标提供实施手段，也就是规模下的资源最优配置问题，两者具有内在的联系。规模的问题正是古典经济学和生态经济学的理论范畴中，而规模下的资源配置是处在新古典经济学的理论范畴中。而循环经济理论强调的是两者一定要同时考虑，因为从目的—手段序列看，具体子问题的解决一定要考虑其他子问题存在的客观性，最优规模的确定和资源配置效率的改进是既相互独立又相互依赖的。这也正体现了循环经济模式作为生存目的和最终手段的互动结果而存在的理论含义。
- 循环经济研究仍然是在结合新古典经济学，延续古典经济学和生态经济学所关注的问题，只不过是古典经济学假定的资源环境前提在现有的社会经济条件下已经不太适用了。

第四章　经济学的生物类比：经济的生态观点

生物学与经济学这两门学科之所以可以进行类比是基于这样一个事实：从研究对象看，两者基本上是同一的，即两者都是关注生命过程（Daly，1968）。但是，两者的研究对象又有所不同。一般来讲，生物学研究主要关注有机体的生命过程，而生态学则不然，它是以有机体外生命过程为研究重点的（Bates，1960）。按照戴利的观点，经济学研究由商品及其相互关系所决定的体外生命过程，而这也是生态学研究的一部分。在本部分内容中，将会重点探讨经济学与生物学类比的可行性，同时对产业代谢理论的研究视角、主要内容以及存在的挑战进行系统评述。

第一节　经济学中的生物类比

逻辑证明和实证检验是科学研究的重要方法和工具。与之相同的是，类比也是对问题进行科学思考的重要方式。戴利对于类比在科学研究中的地位和作用曾作过精彩的描述：虽然类比与逻辑证明、实证检验之间存在着重大差别，但绝不可以认为类比只属于诗歌，而与科学无缘，类比是科学归纳的实质（Daly，1968）。长久以来，在主流经济学研究过程中，分析比喻一直占有重要位置（Georescu-Roegen，Nicholas，1966），而这一方法所常用的数学模型正是以古希腊哲学家毕达哥拉斯（Pythagoras）类比为基础的。通过这种类比方式，可以将复杂经济世界的现实与定量的数字之间建立直接联系[44]。

虽然经济学家对生物学不感兴趣，但仍有部分经济学家认为经济学的生物学类比对经济学研究很有裨益。例如，经济学家慢慢开始了解，体内代谢过程中的血液循环与经济中的货币流通、专业化、交换、相互依存和演化等现象具有类似性。从另一方面看，生物学对经济学的类比也很普遍。例如，现代生物学之父——著名的生物学家达尔文（Charles Darwin）曾提出的马尔萨斯（T.Malthus）效应[10]，还有生态学（Ecology）和经济学[11]的词源意义等。

古典经济学家对于生物学在经济学研究中的重要地位曾经有过很精彩的评述。经济学大家马歇尔认为："经济学家向往的圣地应该是经济生物学领域而不是现在的经济动态学领域"（Marshall，1920）[46]。他进一步说道："在经济学的晚近阶段，我们距离生活的现实将会越来越近，我们更愿意认同生物学类比而不是机械类比"（Marshall，1925）[47]。

莫里斯·D·利维[12]在《经济学的思考——经济学原理怎么能有助于清晰的思考》一文中借"逻辑"和"生物学"的隐喻来表现经济学的生物类比观念。他指出，经济学家信奉自然法则具有生物学根据[45]，经济学与生物学具有某种相通的地方，具有类比的可行性。而且，生物学一词的英文是 Biological Science，其中 Biological 包含"逻辑"（logic）的词根，这与经济学中的重要思维方式逻辑推理存在着相关性。

将经济学与生物学进行比较，不仅能揭示出经济学与生物学存在的相关性，而且还能揭示"最好的环境是不受人为侵蚀的环境，也就是自然环境"的哲学思想在这些学者思维中的普遍性。在生物学中，用"看不见的手"这个概念来描述生物环境中自发的指导和协调的力量。同样，用它来描述经济学中的现象也是恰当的。经济学家和生物学家一样，都强调遵循自然秩序固有的规律，他们反对人为地改变秩序。他们尊重自然状态下没有人为干预下的过程，并认为任何人为干预都是错误的；人为干预，无论是对经济系统，还是对生态系统，都是有害无益的。从上述观点看，似乎能够理解为什么经济学家是保守主义分子，生物学家是自然资源保护论者，因为两者都有同样的认识哲学观点。

达尔文进化论因为将人类与其他生物一同视为自然物，而采用了唯一的"自然选择"原理来解释进化问题，这一理论曾经对 18 世纪之前的宗教神学关于自然和社会起源的"创生说"形成了颠覆性的打击，从而被认为是科学史上具有牛顿意义的重大发现。但正是这一崇高的赞誉，使得后期社会科学家在解释社会进化问题时，简单地采用了"自然—社会的二元世界观"的类比方式来阐释人类社会进化的过程。与社会达尔文主义者类似，经济学家在解释社会进化和秩序问题时，也存在这种直接类比的倾向。马歇尔在经济学名著《经济学原理》中对达尔文进化论对社会科学和经济学的影响做了这样的描述：这一生物学的设想终于迈

---

[10] 就是人口成长快速，最终会超过粮食生产力，因而导致饥荒、社会动荡不安等现象出现，即所谓的马尔萨斯效应。

[11] Ecology 的词根"eco"与 Economic"eco"具有相同的含义。

[12] 莫里斯·D·利维[美]. 日常生活中的经济学.

出了一大步：它的发现吸引了全世界的注意力，就像若干年前牛顿物理学的发现一样，而且在道德和历史科学方面也有一个显著的变化；在这场涉及面极广的思潮中，经济学也拥有自己的份额，经济学逐年地越来越关注于人类天性中的适应性（The Pliability of Human Nature），关注人类性格与普遍地生产、分配和财富消费方法之间是怎样相互影响的[46]。

马歇尔对达尔文的这一评价并不为过。在社会科学领域中，经济学研究重点之一即是关注主体间的相互关系以及主体适应性，即人们如何选择和做出选择的能力，在某种范畴内，经济学可能更关注人类这样一个生物群体的交换行为。或许正是这种人类天性中的不断适应性问题，从亚当•斯密开始经济学就被作为研究人类行为的跳板，所不同的是，斯密通过利己动机导致交易，从而非目的地产生了社会秩序的“看不见的手”，描述了社会进化的过程。

从上面的论述中我们仍然可以找到“看不见的手”与“自然选择”之间的一种类似性，从它们的内在联系看，它们在一定程度上既是自然规律的体现，也是人类借助语言描述时类比的结果。在斯密之后的经济学家对市场选择的“看不见的手”更被推向了极至。新古典经济学家通过边际分析和均衡分析方法，将市场中的主体视为一个自动具备最优能力的“原子”，他们彼此基于完全理性和完全信息进行独立决策而实现目标函数的最大化，这使得社会行为在理论上总是存在最优的均衡状态，甚至“制度”在新古典经济学家的分析中也被描述为一种行为最优的“均衡秩序状态”。

除了新古典范式外，其他领域的经济学研究也存在类比现象。早期制度主义如凡勃伦和康芒斯[13]都将制度视为人类行为的结果，而不是集体意识的产物。这一看法尽管如同新古典那样仍然一定程度上承认了个人理性和意识的存在，但却解释了制度并非如新古典所描述的是理性最大化动机的直接结果，相反，它只是社会演化的结果。这种从均衡制度观向演化制度观的早期转变，使得经济学对制度的解释更加接近达尔文的进化论解释。在达尔文的进化论中，单个的有机体只是外部环境的一个被动受体，它们必须完全依赖于基因遗传和变异的机制来“功能性的适应”外部环境的变化，这一过程从来没有所谓理性最优的方向和目的论。相反，进化存续的唯一衡量标准就是“适用原则”，即在达尔文的进化论中，只有进化最适，而没有理性最优。后期纳尔逊和温特[14]在新制度经济学（NIE）企

---

[13] 凡勃伦、康芒斯、米契尔是早期制度经济学三位最有名的代表人物。他们在研究方法和具体观点上各有特点，由此形成了制度经济学的三个流派。凡勃伦代表了制度经济学中的社会学派，他着重于社会结构的发展和变革；康芒斯代表了制度经济学中的法律学派；米契尔则是经验统计学派的代表，他以统计分析为基本方法，主张把制度研究建立在经验统计的基础上。

[14] 纳尔逊和温特是演化经济学的代表人物。在20世纪60年代初，他们就对新古典经济学家提出的所谓“市场选择论”进行了颠覆性的反驳。并且他们后来在1982年合著的《经济过程的演化理论》一书中，将这一思想系统化。

业理论的基础上更加清晰的提出了所谓“经济演化理论”，这一理论被认为是达尔文进化论的经济学翻版。他们通过将企业行为的“惯例”（Routine Firm Behaviour）视为经济演化过程中类似生物基因的遗传载体的“类比物”，并提出了所谓组织遗传的解释。从现在看来，纳尔逊和温特的演化理论试图进一步修正新古典企业理论的理性最优选择结果的尴尬，同时对阿尔奇安和弗里德曼维护边际分析时提出的“选择论”给予修正，但从分析结果来看，他们反倒意外地加强了“市场选择”的社会进化解释[49]。

现代经济学家中，肯尼思·鲍尔丁（1950，1958，1960）[50]、尼古拉斯·乔治斯库-罗根（1966）[51]和戴利（1966）[52]都是比较认同马歇尔观点的经济学家。因此，经济学与生物学的类比在经济学研究中非常普遍。

我们在这里重温一下 20 世纪两位伟大思想家——一位是生物学家（A.J.洛特卡）和一位经济学家（J.A.霍布森）对经济学中的生物类比的看法[52]。

人类在其经济生活的表象之下，依然具备生物特征，这一点我们与其他生物物种没有什么区别……这种关系的揭示和清晰表达——也就是对经济学的生态基础的分析——是物理生物学将要面对的课题（Lotka，1956）。

一切有用的基本活动都要消耗组织和能量，这是这些活动所付出的生物学成本。虽然在数量方面这与愉悦和痛苦及任何自觉的评价并不符合，但它仍被看做是自觉评价的基础。为了达到许多经济的目的，我们常常被忠告用生物标准而不是用其他的标准来衡量福利。同时，要记住许多生物成本并不能轻易的和充分的体现出来，而生物收益也不会被人们所感知（Hobson，1929）。

第二节　经济系统的复杂物质流网络系统

一、经济系统的物质平衡原理

物质平衡原理（Materials Balance Principle，MBP）是环境经济学的重要理论基础。Kneese 等在 1970 年最早使用该原理来描述经济系统的物质流[53]。在经济系统中，生产和消费活动仍然需要遵循质量守恒定律。整个经济系统的投入主要包括能源、食物、原材料等。经过经济体系的生产过程，一部分成为最终产品，另外一部分变成污染物，而进入自然生态系统。很明显，经济体系以从自然生态系统中取得资源并进行物理和化学变化提供给消费者产品获得效用，从而持续维持经济体系存在，物质仅仅起到了效用载体的作用。从上述分析可以看出，经济系统中物质平衡原理的基本内涵是，经济体系遵循物质守恒定律，即在经济体系中物质既不能产生，也不能消灭；经济活动在本质上是从自然环境中取得物质进行转化的过程。还有另外一层涵义需要强调的是：物质平衡原理还体现出所有从环境中取得的物质最终必然回到环境中去，尽管是以高熵状态流出的。下图（图4.1）粗略地表述了经济系统的物质流系统。初始投入（矿产、水和气体等）取自于环境，“环境”公司将之转化为有用的产品（基本的燃料、食物和原材料）。这些产出变成连续生产的投入（表示为产品流回到非环境公司）或直接进入家庭。家庭也从非环境公司部门接受最终产品。

物质平衡原理额可以表述为一个恒等式，它的数学含义是来自环境的物质流（A）的质量等于排放到环境中的剩余物质流（B+C+D）的质量。根据下图可以得到四个恒等式：

环　　境：$A \equiv B+C+D$

环境公司：$A = A_1+A_2+C$

非环境公司：$B+R+E \equiv R+A_1+F$

家　　庭：$A_2+E \equiv D+F$

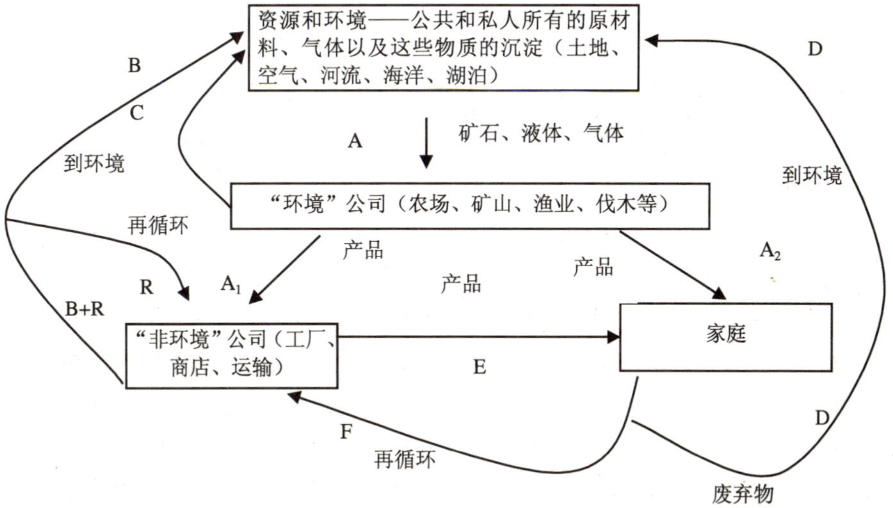

（资料来源：引自 Herfindahl 和 Kneese，1974，Economic Theory of Natural Resources. Merrill Publishing Company，Columbus，Ohio，USA）[54]

图 4.1　经济—环境相互作用的物质平衡模式

二、经济系统物质流动的经济学内涵

物质流是连接自然生态系统和社会经济系统的纽带。与自然生态系统相比，进入经济系统的物质流不但要遵循生态规律也要遵循经济规律。这里关键的一点是，应该如何理解生态规律与经济规律对经济系统物质流的影响？本文试图从物质流这一角度来理解该问题。经济活动需要物质投入，而这种需要是“主动”的。因此，物质流进入经济系统这一过程具有被动性特征，即进入经济系统的物质流流动过程需要通过微观经济主体的决策来实现，但是应如何理解经济系统中物质流动？它的真正含义是什么？对于这些问题的回答，克尼斯等提出的经济系统物质平衡原理可以给我们一些重要启示。

从经济活动的过程来看，物质流在经济系统的过程涵盖了资源投入、生产、消费、废弃等经济过程。在该过程中，无论是经济活动所需资源的投入，还是废弃物的排放（以物质流的形式进出经济系统），都是通过微观经济主体的决策形式来体现的。而这一决策过程恰恰是自然资源和产品配置的结果。基于这一认识，把物质流动与资源配置的内在关系可以理解为，经济稀缺资源配置结果在形式上表现为物质的流动，物质流动过程的经济学含义可以理解为经济资源配置过程。

基于对循环经济的关注，这里重点探讨一下经济系统产生的废弃物综合利用如何重新纳入微观经济主体的决策当中。长久以来，关于废弃物的流向在传统经济学研究中并没有获得关注，因为它没有纳入经济活动过程所关注的对象。但是生态经济学家尼古拉斯·乔治斯库-罗根、戴利、克尼斯等认为，经济系统产生废弃物是具有客观必然性的，正是这种客观必然性迫使必须要在经济过程中考虑如何最大限度地利用废弃物的问题，也即废弃物重新进入经济系统的资源配置过程。但经济系统产生的废弃物是否要参加资源的配置过程，完全是由微观个体的决策来实现的。这一点在实践中往往被忽视。比如在计算机上规划设计严密的物质流链接的同时，忽视了这仅仅是一种技术可行性，是一种对可能性的模拟，或者称之为“潜在链接”（Edward，2000）[55-58]。仅仅存在技术可行性的情况下，潜在链接是不会发生的，因为实现这种“潜在链接”，需要微观个体作出相关的决策。无论是从生态效益还是经济效益出发，将废弃的资源转变为新的商业机会绝对是一个睿智的想法，但企业是由企业家来进行决策的，企业经济活动所需的资源投入种类和数量也是由企业家来决定的。废弃物参加经济系统的资源配置的睿智想法要成为现实，也必须考虑如何影响企业家、消费者的决策，以及决策过程的影响因素。

Edward 也表达了类似观点。他认为，物质流分析对于寻觅新的物质流链接具有重要的作用。但是，这并不充分，而且也是一种次优的观念，人在自然和生态过程中角色应该突出出来。它应该被认作是寻找有效率的物质流链接的关键。从技术上，将副产品或者废弃物从一个地方转移到另外的地方并不困难，而真正的困难是转移要符合安全的、有价值的、经济可行等必要条件。在产品具有交换价值之间，它必须要存在一个市场（Edward，2000）[59]。

丹麦卡伦堡产业共生体系是典型的区域经济系统内能源和副产品的交换系统，而且也产生了较大的经济效益和环境效益。它的成功吸引了许多国家地区竞相效仿[60]。但遗憾的是，很难成功“复制”像卡伦堡这样的物质流系统。这其中最重要的原因是，在复制物质流系统时，关注的焦点发生了偏差。这种偏差表现在将产业共生的物质流网络系统认作是卡伦堡产业园区的全部，忽视了受社会经济因素影响的区域内各微观主体的经济决策对物质流网络系统形成和演化的耦合性。卡伦堡产业共生体系的成功不仅仅是表面所体现物质流网络系统—废弃物（副产品）交换，更关键和重要的还有驱动物质流流动的社会经济因素施加的影响。我们不但要考虑物质流的技术性特征，也要考虑物质流动的经济学涵义。而卡伦堡的案例恰恰说明了，对于经济系统中物质流动的微观研究必须要考虑物质流动的经济学因素，这其中重要的是对影响微观主体的社会经济因素进行分析。

第三节 经济系统的物质流：代谢视角

一、代谢与物质代谢

代谢（Metabolism）一词源自希腊语，它的基本涵义是“变化或者转变”。关于代谢的论述最早见于1857年摩莱萧特（Moleschott，1822—1893）的著作《生命的循环》。摩莱萧特是荷兰著名的生物学家和医学家，他在著作中提到：生命是一种代谢现象，是能量、物质与周围环境的交换过程。摩莱萧特之后，关于代谢理论的研究分成了重要的两支，其中一支向生物学中生物化学方面发展，另一支则向生态学方面发展。在 20 世纪以后，两分支又都倾向于整合和吸收自组织系统理论进一步拓展[15]。

与摩莱萧特的代谢阐释相比，现在经典生物化学中提到的代谢概念不仅仅针对有机体与环境之间的界面，更多的是细胞、器官、有机体的转化过程。在生物学理论中，代谢指的是在一个活细胞中维持细胞稳定和成长的所有物质的生物化学反应的综合表现，这些反应通过“代谢路径”进行的[62]。从有生命的单细胞到复杂的人体，他们与周围环境不断地进行物质交换称为物质代谢或新陈代谢。这里所提到的物质代谢更关注于细胞单体和有机体，其中，物质一般指营养物质。物质代谢包括同化作用和异化作用两个不同方向的代谢变化[16]。

生态学家也尝试将代谢概念引入生态学的研究范畴，并拓展了原有概念的内涵。生态学家认为代谢的涵义可以理解为生态系统能量的转换和营养物的循环[76]。而且，相比生物有机体来讲，生物群体或者生态系统自组织特点表现得更加突出，也就是说，外界环境参数对生态系统的演变具有重要的影响。因此，在认识生态系统的代谢过程时，生态学家认为，不能将目光仅仅锁定于系统自身的特征参数，还要深入了解维持系统稳定的环境参数对代谢过程的影响。

在探讨有关人类社会与环境关系的研究领域中，古典经济学家马克思（Karl Marx）和恩格斯是最早将代谢概念应用到社会研究中的学者。他们两人非常熟悉摩莱萧特的著作。他们提出生产方式决定社会的代谢；劳动是人与自然之间的中介因素，劳动是人类生命的表现，劳动不但改变了人与自然的关系，也改变了人自己。哲学家斯宾塞（Herbert Spencer，1862）及莫根（Lewis Morgan，1877）也对能量与社会消费及社会进步的关系进行了阐释。他们认为：

- 社会的能量消费是促进人类进步的关键因素；
- 社会/文化决定了人类的代谢过程，代谢的结果直接导致自然环境的变化，也促使人类文化的演化[64]。

马克思等学者的研究使代谢概念从最初针对有机体与自然环境之间的物质和能量交换过程，开始渗透到社会科学理论研究中。

那么，从代谢角度看，社会经济系统与生态系统的是否具有相似性呢？要回答这个问题，首先要深入了解物质代谢的内涵。从生物物质代谢的角度看，代谢是有机体内所有物理和化学过程之和，是有机体系统功能化或者运行的基本过

[15] 自组织理论是20世纪60年代末期开始建立并发展起来的一种系统理论。它的研究对象主要是复杂自组织系统（生命系统、社会系统）的形成和发展机制问题，即在一定条件下，系统是如何自动地由无序走向有序，由低级有序走向高级有序的。它主要由三个部分组成：耗散结构理论（Dissipative Structure）、协同学（Synergertios）、突变论（Calastrophe Theory）。

[16] 生物不断从外界环境中摄取营养物质，转化为机体的组织成分，称为同化作用；同时机体本身的物质也在不断分解成代谢产物，排出体外，称为异化作用。物质代谢过程十分复杂，即使在一个细胞内进行的物质代谢，亦包含一系列相互联系的合成和分解的化学反应。一般说来由小分子物质合成大分子物质的反应称合成代谢；由大分子物质分解成小分子物质的反应称分解代谢。

程。生物有机体的物质代谢是为了维持细胞或者有机体正常机能，通过“代谢”过程，不断转变或者改变营养物质的各种化学形态，以便于细胞或者有机体可以及时获得所需要的物质，同时降解、排放系统废弃物。因此，生物有机体的物质代谢更多地体现了维持生物有机体系统功能的特征，是维持细胞或者有机体功能的主要机制。

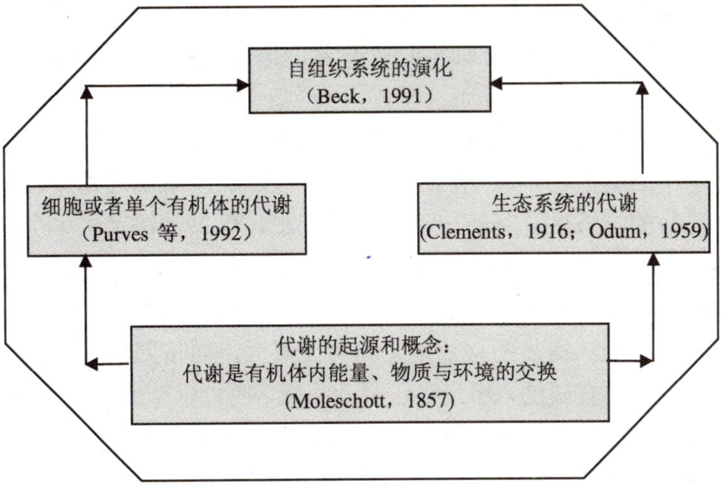

图 4.2　自然科学的代谢理论研究历程

将物质代谢的概念进一步抽象发现：物质代谢的核心作用是对系统功能的维持。基于上述认识，从地球这个生态经济大系统角度来看经济过程和生物新陈代谢过程，可以将生态经济大系统的代谢过程分为新陈代谢（合成代谢和分解代谢）的生命过程和经济过程的生命过程（生产和消费）。在这两个过程中，新陈代谢的功能（引申出来的价值）是维持生命，而经济活动的功能（引申出来的价值）则是维持和享受生活。经济系统的物质流是效用的载体，物质流通过经济行为主体的直接和间接作用，持续为经济系统提供效用（Utility）。因此，经济过程的代谢可以理解为进入经济系统的物质流持续为经济行为主体提供效用的过程，维持经济系统的运行以及人类的生存和生活是经济过程代谢的核心功能。上述观点也正是 20 世纪 80 年代兴起的产业代谢分析的基本出发点。

二、经济过程与新陈代谢的类比

如果从生态经济大系统角度看经济过程与新陈代谢过程，我们可以将代谢分为新陈代谢（合成代谢和分解代谢）的生命过程和经济过程的生命过程（生产和消费），很明显，两者非常类似。在这两个过程中，唯一的有形产出都是废弃物。在产生废弃物的同时，两个过程都完成了各自的功能。代谢的功能（引申出来的价值）目的是为了维持生命，而经济活动的功能目的（引申出来的价值）则是维持和享受生活。戴利提出，如果按照价值衡量的话，生命过程的计算公式可以写为[65]：

整个生命过程所需要的物质和能量的总价值=享受生活的价值+有形废物的价值[17]（零）

而生命的全部价值在于获得使人能够愉快的生存下来所需要的物品数量[65]。新古典经济学中的奥地利学派早已告诉我们，按照边际效用递减原理——也是主流经济学家认为的经济理论基石——的估算方法，仅仅是决定了单个商品的相对价值（价格）。如果按照边际效用递减规律对商品进行定价，单个商品的效用逐渐减少，如果与商品的总效用之和相比较，其边际效用之和非常小，因为商品总效用可能无限大。全部商品的总效用之和为无限大，而按照边际效用原理界定的全部商品价格之和是有限的，那么将这两者相减，便可以产生一个无限大的数值，也就是戴利所提到的世界消费者剩余（Global Consumers' Surplus）（戴利，1968）。因此，新古典范式关注交换价值（边际效用），而把使用价值（总效用）排除在其视野之外——仅对全部生命价值中的极小部分进行研究。问题的重要性在于不能用边际值来衡量总量，经济学中的钻石—水的悖论[18]就可以明显体现出这句话的

---

[17] 当然，有形废弃物此时的价值应为零。

[18] 在生活中，没有什么东西能比水更有用更重要的了，从经济学的角度来说，就是水的使用价值大，可是一吨水才块把钱，即价值很小。而成千上万吨水才能换得的一颗钻石，除了能让人炫耀他的财富外，几乎没有什么用途，即使用价值很小。为什么用途大的水价值却小，而钻石的用途小价值却大呢？这就是经济学上著名的“水与钻石之谜”。几百年来，经济学家们一直对这个谜津津乐道，纷纷试图从不同角度加以解释。

英国经济学家约翰·劳认为，水之所以用途大价值小，是因为世界上水的数量远远超过对它的需求，而用途小的钻石之所以价值大，是因为世界上钻石的数量太少，不能满足对它的需求。正如俗话说“物以稀为贵”。约翰·劳的观点是数量与需求的关系决定物品的价值。

19世纪70年代，西方边际学派承袭约翰·劳的观点，试图用“边际效用”理论来说明这个问题。所谓边际效用，就是相同物品每增加一单位所增加的满足人的欲望的能力。由于水的数量一般来说总是取之不竭的，而人对水的需要总是有一定限度的，不可能无休止。比如说喝水，随着人的肚子逐渐鼓胀起来，最后一单位（杯或碗）水对他来说就变成可喝可不喝了，也就是说，最后一单位水对人增加的“效用”也就很小。边际学派认为，边际效用决定商品的价值，水的边际效用小，其价值也小，而钻石的数量相对于人的需求来说却少得可怜，所以它的边际效用很大，价值也大。边际效用理论描述了人们容易理解的商品现象，成为西方经济学一种理论分析工具和一种重要的经济决策思想。

英国经济学家马歇尔则用供求均衡来解释这个“谜”。他认为，人们对水所愿意支付的价格，由于水的供应量极其充足，而仅能保持在一个较低水平；可是钻石的供应量却非常少，而需要的人又多，所以，要得到它的人就必须付出超出众人的价格。这样，供给与需求就在一个较高的水平达成平衡。这就是西方经济学的奠基石之一的均衡价格论。

与约翰·劳同乡的经济学家亚当·斯密则认为，人们花费较少的劳动就可以得到水，故而水的价值小，而钻石却并非随处可见，人们要花费相当多的劳动才能得到它，一枚钻石往往要经过勘探、开采、加工等多道工序才能最终成为商品，所以它的价值大。亚当·斯密关于劳动决定价值的观点，后来被马克思继承和发展，形成了科学的劳动价值论。

意思。主流经济学家之所以不去过多的考虑总效用，主要是基于两种因素的作用，

- 难以计量性；
- 依靠主观价值判断。

这两个因素使得实证科学无从下手。琼·罗宾逊[19]（Joan Robinson）对此提到："人们对总效用的回避，还因为它总是存在一种通过不公平的分配商品而使社会福利最大化的平等倾向；加之，由于有形产出最大化的目标已替代了效用最大化，这种平等已经失去了存在的基础。"[66]这段论述的潜在涵义已经完全明白：经济过程的有形产出不过是废弃物而已，它的最大化完全没有任何意义。

从前面的章节论述中知道，熵律是产生经济系统规模限制的主要原因，也是为什么要进行经济活动的原因之一。如果从这一角度看价值，价值的源泉应当是熵，而不是劳动或者能量。即使在主观价值论那里，熵也是稀缺性存在的根本原因，因为它决定着利润所在，从而也决定边际效用和交换价值（Nicolas Georgescu-Roegen，1966）。

生命也是一个趋于稳态的热力学非平衡系统，它依靠自然环境中低熵值的物质和能量——即吸收低熵值的物质和能量，排放出高熵值的物质和能量——而始终处于远离平衡态的区域（Erwin Schrodinger，1945）。戴利认为（Daly，1968）：

- 埃文（Erwin Schrodinger）的观点完全可以适用于经济过程；
- 经济过程与新陈代谢过程是连接在一起的。作为经济过程的一个子过程，消费过程已部分包含了新陈代谢。许多进入新陈代谢过程的物品都是经济过程产品，新陈代谢的产出——未被完全降解的东西，如粪肥还可以进一步被人们所利用。但经济过程的最终产物则是完全降解的物质—能量。
- 整个经济过程又构成生态生命过程的一个子过程。无论是体内生命过程还是体外生命过程最终都逃离不了自然环境所施加的约束，在相对较短的时期内，两者不停地发生物质交换，但是这种交换只有在较长的时间区间才可以显现出来，因为排放到环境中的废弃物的降解过程是依赖时间的。

经济系统内的物质流动过程也是不同物质流提供效用（Utility）的过程。正是基于以上考虑，如果从代谢角度认识经济过程，经济过程的代谢涵义是物质流

---

[19] 琼·罗宾逊(Joan Robinson)是英国著名经济学家，第二次世界大战后，凯恩斯的信徒力图使凯恩斯的短期比较静态分析"长期化"、"动态化"，但在增长理论的分配理论方面发生了意见分歧：美国凯恩斯派保罗·萨缪尔森把凯恩斯的就业理论和以瓦尔拉及马歇尔为代表的"新古典学派"的价值论与分配论结合起来，提出了一个所谓"新古典综合"的理论体系；在英国则形成"新剑桥学派"，着重考察在经济增长过程中劳动收入(主要是工资)和财产收入(主要是利润)在国民总产值中相对份额的变化，琼·罗宾逊是这一学派的主要代表人物之一。

（产品）所提供效用的动态过程，经济过程代谢的重要目的仍然是为维持人类生存和生活这一重要功能而服务的。

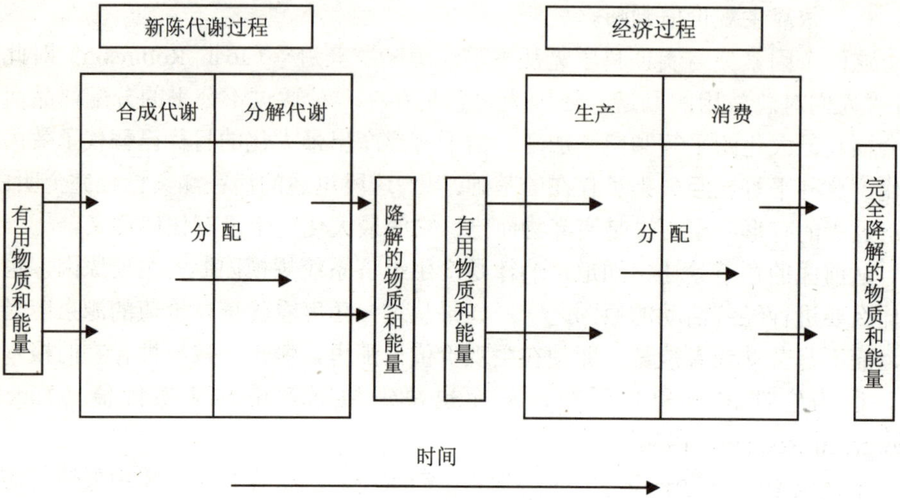

（资料来源：Daly， H.E. 1968. On Economics as a Life Science， *Journal of Political Economy*. 76: 392-406）

图 4.3 经济过程与新陈代谢过程的对比

三、产业代谢与物质流分析：产生背景、内涵及其所面临的挑战

1．产业代谢产生的背景

产业代谢是基于人类对所利用资源绝对稀缺性的考虑而发展起来的。环境保护运动的倡导者佩肯（George Perkins）在 1864 年出版的《人与自然》[20]一书中，从木材越来越稀缺的客观事实出发，指出人类正在通过侵蚀自身的基础来使自己陷入濒临危难的处境之中。随后，地质学家希勒（Nathaniel Shaler）进一步提出了矿产资源稀缺性问题，并表示出对人类社会未来矿产资源消费的担忧。从佩肯的呼吁到希勒的担忧，可以间接反映出“产业代谢”所关注的内容慢慢从农业生产资源的稀缺（食物的稀缺）向工业生产资源的稀缺转移（工业原料的稀缺）[67]。

长期以来，主流社会科学，无论是经济学、政治学还是社会学几乎都没有系统关注过社会发展的物质基础，这种情况直到 20 世纪 50 年代才开始发生变化。

---

[20] 该书在 1874 年经佩肯重新修订为《*The Earth as Modified by Human Action: Man and Nature*》。

1955 年在美国新泽西州的普林斯顿召开的“人类在改变地球命运过程中的作用”学术会议上，对于人类自身开始关注社会经济系统的物质流这一问题而言，是一个重要的里程碑[21]。这次会议的主要议题就是对经济发展过程中的有限物质基础的关注。学者们从社会经济系统的资源输入端，分析、探讨社会经济系统持续发展的生物物理局限性。遗憾的是，这时的研究还没有从系统整体角度来认识物质流流入和流出对社会经济的影响[68]。

随着经济增长与环境影响关系的讨论日益深入，又间接诱发了对社会经济代谢的进一步关注。曾经参加过 1955 年会议的美国水处理专家沃曼（Abel Wolman）在 1965 年通过对城市代谢的研究，将工业社会的代谢概念化和实践化。他认为：城市的代谢需求可以被界定为维持城市居民生活、工作、娱乐的物质需求。但由于废弃物和噪声等的存在，代谢循环并不是完整的。作为一个工程技术专家，沃曼更多的是从工程技术角度，将城市作为研究对象，来分析物质流与城市环境问题的内在联系以及如何从工程技术方面提供解决的方法[69]。

经济学家鲍尔丁（Kenneth Boulding）也是 1955 年会议的参与者之一。在借鉴系统学家路德（Ludwig Von Bertalanffy）的系统论思想基础上，在 1966 年的著名文章《即将到来的宇宙飞船经济学》中提到：

- 经济系统是一个开放的系统，系统的能源、物质和信息不停地与周围环境进行着交换。
- 实物通过生产过程从非经济圈进入经济圈，当实物的价值变为零时，就脱离了经济圈进入非经济圈。
- 传统的“牛仔经济”中，以投入“生产要素”后获得的通量视为经济追求的目标，来衡量经济的成功与否。但“在太空人经济中，通量绝不是我们所需要的，它只是需要最小而不是最大。经济的成功并不是生产和消费，而是总资本存量的质量和复杂性”。现今的经济模式要从“牛仔经济”向“太空人经济”[22]转变[1]。

值得注意的是，鲍尔丁第一次将社会看做是生物圈内的一个投入产出系统来关注社会的物质基础。由于文章背后潜在的系统论思想，鲍尔丁并没有将经济和社会与生态系统混为一谈。随后，他的宇宙飞船经济思想，吸引了越来越多的学者对经济与环境之间的物质和能量流的关注。正如菲舍（Fischer-Kowalski， M.）

---

[21] 本次会议有全球 70 多个来自不同学科的顶级科学家参与，主题为“人类在改变地球命运过程中的作用”。这次大会主要是来纪念佩肯在 1864 年写的《人与自然》这本书。这个会议可能是第一次有多学科的顶级科学家参与的、探讨社会经济系统的物质流的学术盛会。

[22] 鲍尔丁认为，如果将经济系统与整个地球生态系统看做是一个整体，该系统就类似一个封闭系统。未来封闭经济称为太空人经济，那时的地球好像一艘孤立的飞船，它的生产能力和净化污染能力都将是有限的。

所言：这是人类发展观念的一次重要转变，它直接促使社会经济的代谢理念重新获得学者研究关注[4]。

1969 年，物理学家艾瑞斯（Ayres）和经济学家尼斯（Kneese），两个不同学科领域的学者联合起来，以 1963—1965 年期间的美国为例，首次根据经济系统的物质平衡原理对国家层次经济系统的物质流进行分析。他们认为：

- 经济活动须以没有市场价格而且越来越稀缺的环境资源为基础，例如空气、水等，但是由于外部性的存在，市场配置资源的帕累托最优规则并不能适用。基于对此问题的思考和分析，他们提出了一个规范的一般均衡模型（Formal General Equilibrium Model）来考虑这种客观存在的“外部性”[70]。
- 他们认为这种外部性导致的市场失灵[23]主要是由于统治经济系统的生产和消费过程的经济法则与质量守恒定律之间存在不协调而引起的。

而这种没有得到补偿的外部性存在与否，主要取决于下列条件：

- 生产过程的所有投入都转化成产品，没有不需要的残余物；
- 所有的最终产品（商品）在消费过程中都被彻底毁坏，而最终消失；
- 所有产权都是私有的，并可以在竞争市场上交易。

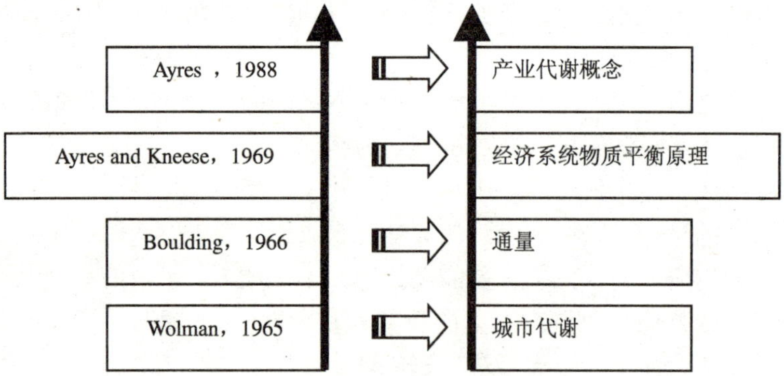

图 4.4 产业代谢研究背景

很明显，这三个条件在现实中都是不可能存在的，因此，外部性的存在具有客观必然性。也正是认识到这种外部性的客观必然性，越来越多的学者从物质平衡原理为基础，考虑如何对进入经济系统物质流规模的进行调节，来理解资源和环境问题与经济系统物质流的关系。随后，产业代谢研究渐渐

[23] 市场失灵是指在某些外在因素的影响下，使得市场在自由运作下无法达到最有效率的结果。造成市场失灵的可能原因包括：自然独占、外部性、排他性及信息不对称等因素。

进入了学者的视野。

2．产业代谢理论的内涵及特点

产业代谢理论最早由罗伯特·艾瑞斯（Ayres）系统阐述[2]。艾瑞斯认为：

第一，经济系统的产业活动与生物学中的代谢过程具有类似性（Analogy）。代谢是有机体内在的过程。有机体为了维持自身的功能，为了增长和再生，就需要从外界吸收低熵“食物”。这个过程也会产生一些废弃物，包括高熵废弃物。对产业活动（或者整个经济系统）与生物有机体之间进行比较可以看出，两者都是以能源驱动的物质过程为基础的系统；同时，两者也都是远离热力学平衡、自组织的稳态“耗散系统”。

第二，经济系统本质上是一个代谢管理机制（Metabolic Regulatory Mechanism）。艾瑞斯认为，产业代谢的本质就是在一定的稳态条件下，覆盖原料投入、能源投入，加上劳动投入，生产最终产品和废弃物的物理过程集合。经济系统的生产和消费过程的稳定并不能脱离周围环境的自我调节过程，而是需要通过人的作用而实现的。人在这个过程中有两个重要的作用：其一是作为劳动力资源投入，其二是实现经济系统的消费功能。而经济系统是通过价格机制来实现产品市场和劳动力市场的供需平衡。因此，从本质上看，经济系统是一个具有代谢调控特点的管理机制，（与物质代谢比）只不过传递的信息媒介变成了价格。

第三，代谢涵义对企业具有适用性。由于经济系统中的微观主体－企业具有自组织的特性，因此与生物学中的有机体具有一定的类似性。但两者之间的差异也比较明显。因为企业可以不断地调整自身的产品输出结构来适应瞬息万变的市场情况，企业代谢行为不是稳定不变的。而生物有机体为了维持种群繁衍的稳定，必须在较长时期内保持稳定的代谢行为。

产业代谢分析方法是基于模拟生物和自然界新陈代谢功能的一种系统分析方法（Jouni Korhonen，2001，2004）[71-72]。与自然生态系统相类似，产业生态系统同样应包括四个基本组成部分：生产者、消费者、再生者和外部环境（Lifset，Reid，2005）[73]。产业代谢分析通过分析系统的结构、进化功能模拟和输入信息流分析来研究产业生态系统的代谢机理。产业代谢分析方法与以往系统分析方法的不同之处在于：它是以自然环境作为最终考察对象，通过对环境资源的开采、加工、生产、消费、废弃整个过程的物质和能量流向给出产业系统对环境的影响的总体评价。产业代谢可以对多种的形式物质流进行研究和分析[74]：

- 可以在有限的区域内追踪某些污染物，水流域特别适合于这类研究。

- 可以研究一组物质，特别是重金属。
- 可以仅限于某种物质成分，以确定其不同形态的特性及其自然生物地球化学循环的相互影响，比如硫、碳等的产业代谢分析。
- 可以研究与不同的产品相联系的物质和能量流，比如橙汁或者电子芯片的产业代谢分析。

因此，产业代谢分析既可以是全球性、国家性或是地区性的产业分析，也可以是对某一种具体行业、公司或者特定场所的调查分析。通过这种分析，可以为企业的决策者提供产业代谢图，并从其中找到区域或者企业的可持续发展能力。产业代谢分析是依据物质平衡原理来开展研究的，旨在揭示经济活动纯物质的数量和质量规模，展示构成产业活动的全部物质和能量的流动与存储。

艾瑞斯的产业代谢理论吸收了 19 世纪以来众多学者的相关思想。从系统整体出发，阐述了产业代谢的内涵和主要研究方法。与生物物质代谢过程相类比，他提出的产业代谢，充分关注了经济系统运行和发展的物质基础，代谢规模是其核心研究内容。较之以前的研究，艾瑞斯的产业代谢理论更系统，分析内容更注重产业代谢的强度及其对周围环境的影响。研究方法主要是流分析方法，研究的角度多倾向于代谢规模的静态和动态趋势预测。需要指出的是，艾瑞斯所使用的流分析方法虽然关注了代谢规模，却没有充分考虑社会经济因素对代谢规模和代谢过程的影响。这一研究思路很难诠释艾瑞斯本人所提出的“经济系统本质上是一个代谢管理机制”核心思想。

3. 产业代谢的物质流分析面临的挑战

产业代谢的传统分析方法主要是流分析方法（Flow analysis）[75]。该方法是在对物质代谢概念的理解基础上，通过分析经济系统物质流和确认、评价所有可能的流动路径以及其他与物质流相关的影响，来分析产品（原料）的生产（流动）过程，其中以物质流分析（Substance Flow Analysis，SFA）和原料流分析（Material Flow Analysis，MFA）两种分析方法较为常用[76]。但是这两种方法都是从生态视角来认识问题，仅仅关注物质流动中的生态特性，并且还存在弱化空间和时间因素的问题（Jouni Korhonen，2004；Anderberg S.，1998）[77]。具体表现在：

- 第一，流分析方法仅仅局限在某一角度、某一部分，很难使用这种分析来对整个系统进行评价。
- 第二，流分析在空间问题上也会遇到困难，无论在区域内还是区域间，分析都是相当有限。即使对区域内的不同经济活动统一考虑，也没有对这些经济活动中的产品生产和分配过程留出分析空间。

- 第三，流分析的方法，对于经济、社会因素还没有给予足够的关注，大多数分析集中在区域内物质元素层次，很少考虑不同类型企业等经济行为主体因素，以至于很难进行决策管理和微观主体行为的引导。

从以上的表述中可以看出，产业代谢所涉及的物质流分析方法仅仅关注物质流分析的生物物理模型，很少或者没有考虑经济学分析工具的融合问题（Mark Finster，Patrick Eagan and Dennis Hussey，2002；Paul H. Brunner，2002；Robert Kijak and David Moy，2004）[78-80]。经济系统的物质流动不但涉及生物物理特性，更重要的是无法脱离经济规律的影响。因此，在对经济系统物质流进行分析时，不能漠视上述问题。我们不但要关注代谢的规模，还要考虑代谢过程。由于产业代谢所涉及的物质流分析方法仅仅关注了物质流动的生物物理特性，当我们试图用产业代谢研究所用的分析方法和工具来准确描述受生态规律和经济规律共同支配的经济系统的物质流动过程时，就无法回避流分析方法自身的不足和局限性。因此，必须突破现有方法的思维模式，研究新的分析思路和方法，以期充分反映社会经济因素是如何影响代谢过程的。

本章小结

与自然生态系统中的物质流相比，进入经济系统的物质流不但要遵循自然规律也要遵循经济规律。从人类经济活动的自身物质需求看：

- 物质流进入经济系统这一过程具有被动性的特征，即进入经济系统的物质流流动需要通过经济活动微观主体的决策来实现，但是从生态经济大系统角度分析，经济系统中的物质流流动是自然规律和经济规律复合作用的结果；
- 经济活动所需要的各类资源（以物质流的形式进出经济系统），是通过微观主体的决策，来实现在经济系统内部的资源配置，而资源配置的结果在形式上表现为物质的流动。

经济学研究自始至终都非常关注对主体间的相互关系以及主体适应性，即人们如何选择和做出选择的能力，在某种范畴内，甚至严格依赖于人类生物特质中的交换倾向。或许正是这种人类天性中的适应性问题，从亚当•斯密开始就被作为研究人类行为的跳板。这说明经济学家也是信奉自然法则的，具有生物学根据。经济学与生物学具有某种相通性，可以作类比，因为经济学与生物科学一样都是使用逻辑思维来进行考虑问题的。古典经济学家马歇尔认为经济学研究最终的趋势是与生物学相关的，而不是现在充满机械论主义的经济学研究。

如果将生物学的代谢过程来考虑经济过程，我们会发现：

- 新陈代谢（合成代谢和分解代谢）生命过程和经济生命过程（生产和消费）非常类似。在这两个过程中，唯一的有形产出都是废物。新陈代谢的目的是为了维持生命，而经济活动的目的则是维持和享受生活。

艾瑞斯的产业代谢理论吸收了 19 世纪以来的众多学者的相关思想，从系统整体出发阐述了产业代谢的内涵和主要研究方法。他提出的产业代谢涵义，是在强调对生物物质代谢过程的模仿基础上，思考经济系统运行和发展的物质基础。产业代谢分析是根据物质平衡原理，通过分析系统的结构、进化功能模拟和输入信息流分析来研究产业生态系统的代谢机理。相比以前学者对社会或者产业代谢研究，艾瑞斯的产业代谢理论吸收了系统思想，分析内容注重产业代谢的强度及其对周围环境的影响，代谢规模的研究是其核心关注内容；其研究方法主要是流分析方法，研究的角度多倾向于代谢规模的静态和动态分析。

但是，产业代谢所涉及的物质流分析方法：

- 仅仅关注物质流分析的物理模型，很少或者没有考虑经济学分析工具的融合问题。而经济系统的物质流动不但涉及生态特性，更重要的是无法脱离经济规律的影响。
- 如果用产业代谢研究所用的分析方法和工具来描述受生态规律和经济规律共同支配的经济系统的物质流动过程时，则会显得力不从心。

因此，必须突破现有方法的思维模式，将新的分析思路注入这些传统的方法进行修正。

第五章 循环经济与物质经济代谢：代谢观点

循环经济研究与物质流有什么关系？如何考虑物质流分析与循环经济研究之间的关系？循环经济研究的方法应该具有哪些特征？代谢是否适合作为一种认识经济系统物质流流动的研究视角？本章将对这些问题进行初步探讨。

第一节 融入社会经济因素的物质流分析与循环经济理论研究

虽然物质流研究在经济学领域中已经获得了关注，但是作为经济活动的生产要素，这种关注仍然没有考虑规模限制下的资源配置。自鲍尔丁在 1966 年阐述循环经济思想之后，人们逐渐开始认识和关注经济增长的规模限制。悄然之间，我们看待经济系统的观念，也从封闭到了开放。因此，规模限制应该成为经济学家考虑资源配置的前提条件，循环经济研究的重要理论命题在于认识和探讨规模限制下的经济系统的物质流流动规律问题：

- 从宏观层次上，循环经济研究主要探讨经济的最优规模和经济系统规模限制下的区域经济发展模式转变问题。
- 从微观层次上，循环经济研究主要探讨市场机制如何影响经济系统物质流动过程的问题。

鲍尔丁、艾瑞斯（Ayres）和尼斯（Kneese）、菲舍（Fischer-Kowalski）等学者的研究工作对于循环经济的发展具有重要的意义。他们主要是从物质流角度，将循环经济理念具体化。从微观层次关注经济系统的物质、能量流动与资源环境问题的关系，探讨如何按照自然生态系统的物质循环和能量流动规律来重构现有的经济系统，以使经济系统能被“和谐”地纳入到生态经济大系统中去。这里所提到的“和谐”更多地体现了系统功能维持的含义，既有经济系统功能的维持，也有自然生态系统功能的维持。

需要强调的是，对经济系统的物质流动规律的分析和探讨应该是循环经济研究的核心内容，这种从物质流视角看经济系统，也是循环经济研究与区别于其他经济学研究领域的重要特质。如果建立对该问题的分析框架，“探讨市场机制是如何影响经济系统中的物质流流动”的问题应是其核心内容之一。那么，我们对经济系统中物质流进行分析，这样做的目的是什么？本文认为，经济系统物质流分析主要具有三个重要的目的，第一，就是完成对经济系统物质流的静态描述，也就是说，在某一时点上，经济系统的物质流是一个什么状态。第二，理解各种因素是如何影响经济系统物质流流动的。第三，如何引导经济系统物质流的流动，或者说依据影响经济系统中物质流动的各种因素的作用原理，提出提高资源利用效率、改善资源环境问题的物质流流动模式。正是基于这三点的考虑，以及经济系统的物质和能量流也要受到市场体系中微观经济主体行为特点的影响，我们对经济系统物质流进行分析时，必须要综合考虑影响物质流动的生态因素和社会经济因素，也就是上述目的的第二点和第三点，而不应该忽视经济规律对物质流的重要影响作用。在对以上内容考虑的基础上，本文提出经济系统的物质流分析应该重点包括以下三方面的内容：

- 从静态角度理解经济系统中物质流的规模；
- 从动态角度理解经济系统中物质流流动过程；
- 如何影响和调控管理物质流流动过程。

第二节　融入社会经济因素的物质流分析方法研究进展及其局限性

物质流分析和经济系统的物质流分析已经具有相当长的历史，如果要寻找阶段标志的话，20 世纪 60 年代应该是一个重要分界线。在 20 世纪 60 年代以前，物质流分析所建构的模型大致可以分为两类：

- 一类是纯生物物理或者生态模型、生命周期分析、物质流分析等这些模型很少涉及如成本和效益的比较、资源配置的效率、资源的替代等经济学内容。使用这些分析方法研究经济系统的物质流具有一定的局限性，因为这类分析方法更多的是将经济系统看做一个复杂网络，该网络由技术活动或者技术过程组成，不同过程之间通过物质流和能量流进行链接，完全不考虑社会经济因素在这些物质流过程中的作用和地位。因此，这类方法并不适合描述生态和经济因素的双重因子对物质流的影响。

- 另外一类是相关的经济学模型，很少考虑物质在经济系统内部流动和转化的物理过程。仅仅关注污染物的外部性，即强调污染物的经济外部效应，并没有考虑污染物物理化学转化、污染物空间转移等生态因素对于经济外部性的影响。

可以看出，这一阶段研究特点是这两类模型相互之间是独立的，缺乏有机的融合。20 世纪 60 年代后，为更好地理解经济系统物质流与外部性之间的关系以及物质流流动过程，一些学者开始考虑如何将经济系统的物质流分析与外部性理论、生产和消费理论进行融合。

第一种思路是将一般均衡模型涵盖的内容延伸到废弃物的排放和处理。艾瑞斯和克尼斯 1969 年的研究具有开创性。他们认为传统经济学忽视了环境资源的公共物品特性，导致一般均衡模型中没有考虑物质流和能量流在流出经济系统之后的归宿问题，同时，他们认为残余物造成的外部性是生产和消费活动一个正常的、内在的组成部分。他们依据物质平衡原理，利用瓦尔拉—卡塞尔（Walras-Cassel）模型对传统的一般均衡模型进行修正，将经济系统产生的“残余物”纳入到该模型中去。随后，列昂惕夫（Leontief）、维克多（Victor）、佩瑞（Perrings）、路斯（Ruth）和菲伯（Faber）等学者也对经济系统的均衡经济模型作了进一步的研究和修正。

从艾瑞斯（Ayres）和尼斯（Kneese）等对物质流的分析中可以看出，经济系统物质流分析研究的主要目的是分析物质流与经济系统运行之间的关系，以及经济系统的物质流对自然环境的影响，并据此提出提高资源利用效率、改善资源环境问题的物质流流动模式。但是，这些学者在对经济系统物质流进行分析时，忽视了经济系统的物质流会受到经济规律影响这一重要客观事实。

第二种思路是，为了综合考虑经济系统的物质流流动过程，引入并拓展了产业代谢中的流分析方法。国外部分学者在物质流分析和原料流分析方法的框架下，从不同角度尝试了物质流分析与经济分析的融合，例如：

- 克列（Keoleian，G）、纳斯（Nathani，C）等通过分析成本和经济结构的变化（由于采取新的环境友好技术和需求变化而造成的），来评价经济系统获得的生态效益。
- 宾德（Binder）将经济学理论中的消费函数融合到物质流分析中去，坎德（Kandelaars）等在物质流分析方法和原料流分析方法的分析框架中，引入消费者偏好来分析相对价格的变化和产量的变化，福瑞斯（Frischknecht）则把生产函数纳入到了生命周期分析的框架中。

- 亨瑞克（Hendrickson，C）等在生命周期分析中使用经济投入产出表，在评价中考虑生态和经济标准，形成一个多标准评价体系。
- 波曼（Boumannm）等将物质流分析方法、生命周期分析和经济模型融合在一个工具盒中，来对产业体系进行分析和评价。

虽然以上这些研究工作在这个领域做了许多有益的尝试，但是，它们仍然存在一些共同的缺点：

- 首先，这些方法不能将经济系统的生态和社会经济特性放在同一个分析框架内进行分析。其中所提到的经济分析，仅仅是简单而又机械地将经济价值加在物质流上，而并没有真正解决社会经济因素是如何影响物质流动过程的。
- 其次，这些方法存在系统边界界定不统一的问题。如果系统边界的界定差别过大，不同的分析就可能会得出不同的结论。
- 最后，部分文献中还出现在分析的初始阶段是复合分析框架，但结论很明显是仅仅在考虑物质流动的生态特性角度的基础上进行分析。

在克列（Keoleian，G）和坎德（Kandelaars）在研究中，他们曾经提出原料流分析方法可以转化为投入产出（IOA）的分析思想，苏山等尝试性地将投入产出分析应用到到食品生产的原料流分析方法中。但是他也指出了这种方法的存在的局限：

- 一个缺点是，由于模型本身的内在缺憾而存在较大的局限性，该法仅适用于单一产业部门的研究。
- 另一个缺点是，该模型无法避免投入产出分析方法本身固有的线性假定。

不过，苏山的思路在本质上也是属于对经济系统的物质流规模的研究，它并没有真正考虑社会经济因素对微观主体行为的影响。因此，如果要深入研究生态和社会经济因素对物质流的复合影响，所需的分析工具必须要超越现有的研究思路，特别要注重加强物质流模型与社会经济因素之间的融合。在物质流分析中考虑社会经济因素，实际是把物质流分析从静态分析引向真正的动态分析，从物质流的规模研究引向物质流流动过程研究。但是，这一问题的解决如果仅仅考虑从物质流与价值流的简单叠加来获得预期设想，似乎是难以实现的。

第三节　从代谢观点认识经济系统的物质流：物质经济代谢

为解决上述难题，考虑到经济学与生物学类比的可行性，本文提出：代谢是否适合作为一种认识经济系统的物质流的规模和流动过程的研究视角？在回答这个问题之前，可以先从产业代谢的基本思想获得一些启示：

（一）现行的经济系统可以被看做是一个嵌入生态经济大系统的开放子系统。在稳定状态下，经济系统与生态系统一样是一个远离热力学平衡耗散系统，整个经济过程通过劳动将原料和能量转化为最终产品和副产品（废物）这样一系列的物质转换过程，这与生态系统的物质代谢过程相类似。经济系统的组织依赖于与周围自然环境之间的交换关系，即依赖于“代谢”过程。这里面极其重要的一点就是，两个系统的代谢都基于维持各自系统的功能，这也是自然生态系统和经济系统类比的基本出发点。因此，从代谢的观点认识经济系统的物质流规模和流动过程是具有可行性的。

（二）从生物学研究角度，对于某一物种的单一有机体来说，它必须依据物种整体的生存需要，维持特定的代谢行为。如果这个代谢行为或者过程发生了重大的变化，那么这个有机体的特征或者特性也会发生变化，也就是说这个有机体就会发生特征基因的变化，成为新物种。因此，当我们从代谢的观点认识经济系统的物质流时，如果要改变经济系统的代谢规模和过程，就必须深刻认识到这种改变背后的潜在的涵义，即经济系统代谢的改变不仅仅是技术问题，它还蕴含着更重要而又深远的社会经济、历史的变化。

（三）必须深刻理解“代谢”背后的系统学思维方式。经济系统整体不但在自然环境中，也是在社会经济背景中。从系统学角度看，如果不改变系统的组成、运行机制或模式，就不可能改变系统的产出（如废弃物）。因此在考虑如何改变经济系统的代谢规模和过程时，必须要分析和探讨经济系统组成结构和运行模式对代谢结果的影响。

根据上述这些启示，来重新思考循环经济理论研究。

首先，代谢可以作为一种对循环经济理论进行研究的方法和视角，来分析和探讨规模限制下经济系统的物质流流动。但不容忽视的是，经济系统的物质流不但受到生态因素的影响，而且也要受到市场体系中的微观主体经济行为等社会经济因素的影响，生态规律和经济规律的双重制约因素决定着经济系统的物质流流动。与自然生态系统相比，经济系统的物质流流动过程在遵循物质流的生态特性基础上，取决于其所属经济系统的结构特征和运行机制或者模式。

其次，从物质经济代谢研究的微观角度探讨循环经济理论的微观分析基础。在生态规律和经济规律双重制约因素下，物质在经济系统的迁移、转化过程，称之为物质经济代谢（过程）。物质经济代谢分析是循环经济理论的微观分析基础。与传统经济系统中利用效率较低的线性物质流动相比较而言，循环经济中物质经济代谢更加突出物质循环及能量的梯级利用模式的流动路径的多样化模式。从代谢角度看，循环经济理论和实践是调控经济系统物质经济代谢规模和物质经济代谢路径、提高代谢效率的交叉学科研究领域。物质经济代谢分析所关注对象是影响物质流的社会经济因素和生态因素重合作用的交叉点。因此，物质经济代谢研究是理解和引导循环经济从“循环”走向“经济”的关键。

最后，物质经济代谢分析是产业代谢分析的延伸和拓展。物质经济代谢的提出具有其特定的分析特点，它不但区别于生物学中的物质代谢，还区别于产业生态学中产业代谢：

- 从关注的研究对象看，物质经济代谢在考虑到物质流的生态特性基础上，重点考虑了影响物质流动的社会经济因素。
- 物质经济代谢分析不仅从宏观层次对经济系统的物质经济代谢规模的进行分析，而且也从微观层次上对物质经济代谢过程进行分析。
- 物质经济代谢分析更注重物质流动过程的动态分析，这与产业代谢分析研究所关注的静态规模问题相比，无论是所使用的分析的方法还是所关注的内容都具有显著的差异。

物质经济代谢理论和方法的提出，对于认识和理解经济系统的规模局限性问题，从微观层次深化循环经济研究具有潜在的方法学上的意义。

本章小结

从宏观层次上，循环经济研究主要探讨经济的最优规模和经济系统规模限制下的区域经济发展模式转变问题。从微观层次上，循环经济研究主要探讨市场机制如何影响经济系统物质流动过程的问题。

考虑社会经济因素，实际是把物质流分析从静态分析引向真正意义的动态分析，从物质流的规模研究引向物质流流动过程研究。但是，这一问题的解决无法从物质流与价值流的简单叠加来实现，因此需要从新的思维方式来理解。

经济系统的组织依赖于与周围自然环境之间的交换关系，即依赖于“代谢”过程。从代谢视角认识经济系统的物质流，经济系统被看做是一个嵌入生态大系统的开放子系统，在稳定状态下，经济系统与生态系统一样是一个远离热力学平衡耗散系统，整个经济过程通过劳动使原料和能量转化为最终产品和废物这样一系列的物质过程，并且也有着类似生态系统的物质的代谢过程，从代谢角度考虑经济系统内的物质流动给循环经济理论框架中的物质流分析研究提供了新的研究视角。

循环经济理论研究的微观分析基础是自然规律和经济规律共同作用的物质经济代谢分析。

第六章　物质经济代谢：基本概念和分析框架

相比产业代谢，物质经济代谢的特点是什么？物质经济代谢研究与主流经济学、循环经济理论有哪些内在联系？物质经济代谢关注的重点是什么？本章将围绕这些问题，重点论述物质经济代谢的基本概念和分析框架。

第一节　基本概念框架

一、循环经济、物质流与资源配置：经济学视角

与其他学科一样，经济学理论也是不断发展、变化的。一方面，通过把思想领域辩论的理论成果不断总结，而使辩论得以深化；另一方面，也要将基于理论研究所获得的抽象真理根植于舆论环境和公共政策的现实之中；再者，对经济体系的诠释也会随着经济体系的不断变化而发展。古典经济学派的代表人物亚当·斯密针对经济学的研究内容提出了两条分析主线（R.福斯菲尔德，1966）[81]：

- 斯密所提的第一个命题是对经济增长的源泉及其与收入分配的关系的研究。这个命题随后由李嘉图和马尔萨斯进行深入研究，其后是马克思。
- 斯密所提的第二个命题是关于竞争性市场的研究。他认为在竞争性市场中，需求和供给的相互作用决定了商品的“自然”价格。随后，该论题由以边际主义为代表的新古典经济学派进一步发展。

斯密提到的这两条经济学分析主线从根本上是相互补充，不可分割的一个整

体。对所研究问题的分解仅仅是为了更深入的理解该问题，但这并不意味着我们可以仅仅关注其中的任何一个，而忽视其他问题的存在。对于经济学研究而言，如果过分强调其中的任何一个，都会失去经济学研究的最初目标和本意。

相比主流经济学研究而言，循环经济研究是一个交叉学科研究领域。从循环经济思想的诞生，再到随后的发展演变，无论是政府或市场、企业或消费者、技术还是政策，这些经济学研究中相互缠结的重要概念范畴都在循环经济研究中获得了极大的关注[99]。尽管循环经济吸取和继承了传统经济学对这些问题的研究成果，但与传统经济学研究相比，循环经济研究视角还是表现出一些差异：

- 循环经济研究是根据经济增长的生态约束客观存在的根本事实，针对经济的最优规模确定，以及给定经济系统规模限制的前提下，如何解决对经济系统运行所需的环境资源要素进行配置这两个基本问题进行分析和探讨。
- 循环经济研究中把经济系统的物质流动过程做为关注的核心。物质流动的经济学内涵是稀缺资源的配置过程，只不过经济系统的物质流动需要通过经济主体的决策来实现。

基于这个对循环经济的基本认识，我们再来了解一下规模的涵义。规模最早是用来描述物质——能量的一个物理量，这里提到的物质——能量指的是从环境中获取的低熵资源，以及返回环境的高熵废弃物。虽然它们是以绝对的物理量出现的，但是它是与自然生态系统的承载力相关的，即与自然生态系统的环境资源供给能力和吸收消化废弃物的能力相关。

早期的经济学家虽然提到经济系统的规模但是却没有认识到自然生态环境对它的限制。古典经济学的代表人物亚当·斯密的经济思想主要集中在经济增长和社会向更高水平发展的问题，他用内在于自由社会的、与个人自由主义、自然规律相联系的人类动机来解释这一问题。按照斯密当时的观点，经济增长与繁荣主要通过三个因素的直接作用来实现的。这三个因素是：劳动分工、市场规模扩大、资本积累。斯密认为，只有使上述这些因素不断发展或者增进，生产力才能得以不断提高，同时“财富也会被分散到社会的不同阶层”。斯密还认为，市场中的交换过程可以提高专业化和劳动分工水平，但是分工程度或者水平也要受到市场发展程度的限制。也就是说，在市场规模很小时，没有企业可以仅仅生产一种商品，企业可以生产不同种类的商品以满足生活需求。但是，当市场规模逐步扩大后，生产者就可以专业生产一种商品，以获得更大的生产效率。因此，古典经济学认为市场规模越大，越能够促进分工，提高生产力，增大财富。同时，满足经济不断增长的另外一个必不可少的因素就是资本。斯密认为，资本积累是经济规模扩张的关键因素，但是资本的积累要以对财产的保护为前提。这三个要素通过市场运行机制使经济不断向更高的水平发展。同时，在经济发展过程中，整体社会秩序也得到提升，相应地，有序的市场均衡机制也不断地使产品的供给与有效需求相适应[46]。

显然，斯密所提的经济思想还没有认识到经济规模扩展的边界问题。经济学家的观点也会自然而然渗透和延伸到政府的决策中去。由于社会对经济增长的高涨热情，政府决策者会不断向经济学家寻求帮助，而此时，经济学家的观点会通过这样一种渠道对政府的经济决策产生重要影响，因此扩展经济规模成为主流的宏观经济政策。数十年来影响市场规模的政策措施，例如刺激增长的宏观政策，最终的结果几乎总是扩大市场规模。当然，如果自然资源存量和环境容量都是无限大的话，市场规模的扩大策略也无可辩驳。但是事实却不像我们想象的那样简单：

- 自然生态系统提供资源和消解废弃物的能力是有限的。因此，持续的经济系统的膨胀只会造成对生态系统的自然资源存量和环境容量等生态需求变得日益突出和重要，按照戴利的理解，长期的经济增长，已经使我们的地球从“一个相对宽松空旷的世界过渡到相对拥挤的世界”。
- 经济系统可以无限膨胀吗？经济系统是否有个最佳规模？这无疑应该成为宏观经济理论研究需要突出关注的问题。

生态经济学家戴利认为经济系统可以被看做是一个更大但是有限的并且是非增长的生态系统的子系统。由于有限的地球的原因，生态系统的规模是固定的，那么经济系统的规模也要适应生态系统的规模。因此，经济系统应具有一个最佳的规模。而这个最佳规模至少是可持续的，同时，该规模也不会损害到生态系统提供的服务功能。

亚当·斯密对经济学研究提出的第二个命题是由新古典经济学家最终得以发展和完善的。新古典经济学是通过阐释古典经济学中无法解释的水—钻石难题而一举奠定其在经济学研究中的正统地位。资源配置是新古典经济学研究的核心内容。经济学的研究对象在经历了一段长期的演变过程后，最终形成了目前大部分经济学家比较认同的“研究人们如何在稀缺的资源约束下最大限度地满足自己的欲望”。把资源配置作为经济学的研究对象是从 19 世纪 70 年代以后的新古典经济学开始的，用西方经济学家的话来说[82]：“杰文斯……把‘经济学的列车开上了’资源配置的轨道”。[24]

---

[24] 转引自吴易风：“论政治经济学或经济学的研究对象”，《高级政治经济学》张宇等主编。

1932 年罗宾斯在《经济科学的性质和意义》一书中第一次正式地把“稀缺”引入经济学，把在稀缺资源约束下人类行为方式作为研究的主题。他认为人类活动目标和手段之间的关系，有如下几方面的内容：目标或者需要的多样性；手段的稀缺性；手段在目的之间转换可能性、不同目的在重要性上的差别性。据此，他认为[83]“经济科学的研究内容获得了统一，经济科学研究的是人类行为在配置稀缺手段时所表现的形式”。[25]新古典综合学派的代表人物萨缪尔森[26]认为，经济学要“研究的是社会如何利用稀缺的资源以生产有价值的商品，并将它们分配给不同的个人”“经济学的精髓在于承认稀缺性的现实存在，并研究一个社会如何进行组织，以便最有效地利用资源。”[27][84]可见，资源配置已经被置于经济学的核心地位。为了最有效地利用资源，就需要研究资源配置的组织及过程。新古典学派之所以把资源配置作为经济学的核心、精髓，是根据它们对资源性质的基本判断——稀缺性，以及人的本性——欲望无穷。资源的稀缺使得人们不能得到他们想要的一切，为最大限度地满足欲望，必须有效率地使用资源，因而资源配置就成为主流经济学的核心问题。此后，虽然有些经济学家在此基础上略微增加一些其他内容，例如分配方面的内容等，但是主流经济理论始终将这一主题当成经济学的核心主题。

新古典学理论实质上是一种静态均衡理论，特别是到了瓦尔拉斯和帕累托的时候，他们对经济增长没有做多少研究。新古典经济学的支持者戈森（Hermann Gossen）、瓦尔拉斯（Leon Walras）、杰文斯（William Jevons）和帕累托（Vilfredo Pareto）在考虑经济学问题时，都依赖于经典的力学范式。所谓经典的力学范式，是 18 世纪的物理学家们提出的，在物体或者质点相对运动过程中，均衡是一个核心的概念，静止的物理状态可以用均衡方程来描述。从均衡出发，研究市场运行规律是新古典经济学的一个显著标志[85]。新古典主义所关注的资源配置是在

---

[25] 罗宾斯. 经济科学的性质与意义. 商务印书馆，2000：19.

[26] 第二次世界大战后，凯恩斯主义的流行使西方经济学体系内部产生了干预和反干预以及由此而造成的各种矛盾和不调和之处。有鉴于此，新古典综合派逐渐确立。以萨缪尔森为代表的该学派把包括第一和第三次修补的传统经济学作为研究个量问题的微观经济学，把第二次修补的凯恩斯主义称为研究总量问题的宏观经济学。认为：前者是以充分就业为分析的前提，后者则着重研究各种不同水平的就业量的情况，因此，两种理论是相辅相成的，可以被纳入同一体系中，而传统的自由放任和凯恩斯的国家干预代表同一理论体系所涉及的两种不同的情况。

20 世纪 70 年代后，西方国家出现滞胀，即失业与通货膨胀并存，给新古典综合派以沉重打击。新古典综合派不仅无法解释滞胀的存在，而且也提不出解决这一问题的对策。按照新古典综合派的理论，失业与通货膨胀不可能并存，同时据其理论提出的政策建议在失业与通货膨胀并存时会带来自相矛盾的后果。许多西方经济学中的其他派别纷纷对该学派进行抨击和责难，包括货币主义、供给学派、理性预期学派、新剑桥学派、新奥地利学派和新制度学派。新古典综合派已经放弃了“新古典综合”的名称，自称为现代经济学或现代主流经济学。他们除了维持原有的基本观点外，还尽量吸纳其他派别的论点，特别是货币主义和理性预期学派的观点。这样，现代经济学成为缺乏统一理论体系的各派学说的混合物。

[27] 保罗．萨缪尔森，威廉．诺德豪斯. 经济学. 萧琛，等，译. 华夏出版社，1999：2.

承认资源相对稀缺的前提下进行的，主要内容有三个重要理念支撑[86]：

- 等边际原则。消费者按照等边际支出获得相等的边际效用的原则，安排他们的支出。生产者按照等边际资本获得相等利润的原则，安排他们的生产。
- 边际效用递减原理。随着对某种商品消费量的增加，消费者满足程度减少。这与古典经济学中所提到的生产要素报酬递减的思想是一致的，即增加可变要素而固定要素的规模不变，产出尽管增加了，但要素报酬减少了，例如在给定的土地上增加劳动。
- 一般均衡的概念。在一般均衡的状态中，生产和消费者的偏好相吻合，在现有的资源和技术条件下，生产者和消费者的效用最大化得到了实现。

边际效用理论认为市场中的需求是价值的源泉，即消费者的偏好是价值的源泉。传统的劳动价值论则强调市场的供给方面，认为价值和价格决定于产品成本，最终可以使用劳动时间加以核算。马歇尔[28]综合了这两者的观点，提出市场价格（交换价值）决定于供给和需求，供给与需求相互作用。这种分析思路导出的最重要的结论是，自由市场机制能够实现个人利益最大化。总体来说，这些思想把经济学的总体目标由李嘉图和马克思所强调的社会阶级及其经济利益分析转变为强调个体分析。个体消费者是决定经济活动和经济进步的主要因素，整个经济都是围绕着需求运转。

显然，新古典的“新”是在割裂古典经济学斯密所提到的两个分析主线之间的内在联系的情况下，突出资源配置而获得发展的。这可能与在当时社会经济历史背景下面临的现实问题有着直接的关系。就如丹尼尔·福斯菲尔德所言：“回顾 19 世纪 70 年代及其以后的经济学发展历程，我们发现，与其说经济思想被接受是因为它正确，被拒绝是因为它错误，不如说被接受因为它有用，被拒绝因为它不再有用”[87]。

不过，古典经济学的伟大理论，特别是马尔萨斯绝对稀缺的含义，在现在看来仍然与它在李嘉图时期一样重要。当然，现在的经济社会已经从工业革命发展到成熟的工业化时期，经济已经发生了极大的变化，但是资源、人口和资本之间的内在关系，以及人类的经济福祉这一核心问题仍然存在，循环经济研究正是现

---

[28] 1890 年，英国剑桥大学教授马歇尔将边际效用价值论和当时资产阶级经济学的一些其他说法，如供求论、节欲论、生产费用论等，构成了一个折衷理论系。以马歇尔的折衷理论体系为基础，再加上庇古、克拉克、威克斯迪特等人提出的新论点，形成了以马歇尔和瓦尔拉斯为代表的传统经济学。把完全竞争和充分就业假设为既存的条件，进而从供给与需求的角度来分析市场价格，以便解决资源在产品生产上的分配、资源的报酬等问题。自由放任、国家不干预经济生活的政策被解释为最好的政策。

今社会经济条件下对古典经济学家斯密所提的两个问题进行进一步探索；经济增长和资源配置仍然是循环经济研究关注的重心。重要的区别是循环经济研究将这两个要点与自然生态系统的承载力联系起来而已；循环经济是在给定经济系统存在规模限制的前提下，关于对经济系统运行所需的资源要素（物质流），进行配置的研究；资源配置的动态结果在物质载体上呈现即是经济系统的物质流动过程。

当考虑到经济增长和发展这个问题时，经济系统存在规模局限性是个不容忽视的问题。由于资源和生态环境的承载力存在稀缺性，经济系统不可能无限制的扩大规模，在一定的经济发展阶段，经济的增长和发展依赖于资源的存量和生态环境的生态承载力。循环经济理论研究正是以新古典经济学为主流的研究领域的成果，通过关注古典经济学家所提到两个问题，考虑社会经济系统的生态限制的基础而逐渐发展的。循环经济理论研究并不是对以新古典及新古典综合为主流经济学的范式革命，它仍然是在古典经济学和新古典经济学的理论范畴下，对新经济环境下经济问题的理论思考。

二、循环经济理论与融入社会经济因素的物质流分析

物质流是连接经济系统与自然生态系统最重要的纽带，分析和研究经济系统的物质流是循环经济从理念走向现实的重要理论命题。

（一）物质流分析问题的提出

物质流和能量流不仅是经济系统内、经济系统与自然生态系统之间的重要联接纽带，也是理解资源和环境问题为什么产生的关键因素。从经济系统内部来看，无论是经济活动主体的生产行为还是消费行为，都有一个共同的特点，即它们都依赖于物质流和能量流的输入。物质流和能量流是维持两者赖以生存关系的纽带。一方面，自然生态系统为经济系统提供经济活动所需要的低熵原料和能量来源；另一方面，经济系统排出的高熵废弃物质和能量也会通过物质流和能量流的形式，被自然生态系统所接纳。

由于没有考虑生态环境承载力，人类经济系统对自然资源的大规模开采和使用，严重加剧了资源枯竭和环境退化，并进一步延缓或阻碍了经济的发展，削弱了人类社会长期可持续发展的能力，这就是我们现在不得不面对的资源环境问题。由于自然生态系统中可再生资源的自我更新速率低于资源的消耗速率，也就是输入经济系统的物质流和能量流，高于自然系统更新产生的物质流和能量流，

结果会造成资源和能源存量的减少。另一方面，经济系统所排出的高熵废弃物质和废弃能量也超过了自然生态环境的环境容量，从而造成环境自净能力的退化，最终形成严重的环境问题。

从人类经济系统内部来看，除人口增长因素引起的刚性资源增长需求和人类本身存在无谓的浪费行为外，由于进入经济系统的物质流（自然资源）没有得到有效率的配置等原因，也造成资源利用无效率或者低效率，形成对资源需求的过度增长。其中：

- 由于资源无效率配置导致的资源利用的无效率或者低效率，称之为内生性因素[29]；
- 而把技术供给不足以及消费模式导致资源利用的无效率或者低效率称之为外生性因素；
- 资源无效率配置导致资源过度消耗的内生性因素，是由于物质流在经济系统内流动的无效率造成的，但是这种无效率可以通过经济系统内物质流的流动路径的调控来改善。

各种各样的物质流可以为经济系统提供不同的服务，例如，提供各种类型的消费品。物质流进入经济系统后，由于多样化的服务等原因，使得物质流在经济系统中具有很多的可选择流动路径，但是，由于自然资源存量的有限性，特别是不可再生资源存量的有限性和稀缺性，使得人类不可能无限制地从自然生态环境中索取无限大规模的自然资源。因此，进出经济系统的物质流规模，在给定的时间段内，总是有限的。为改善有限的自然资源在经济系统的配置效率，提高资源在经济系统的利用效率，可以通过经济系统内废弃资源的再生和循环过程，再次提供服务。相比于传统的线性物质流动模式，随着资源的多次再生和循环利用，物质流在经济系统内的流动路径会变得复杂起来。基于此，必须对物质流在经济系统内的复杂的流动路径以及流动机制进行分析，为拓展经济系统资源利用途径提供决策依据。

物质流分析的内容主要是从自然生态系统进出经济系统的物质流规模和种类，以及经济系统内部物质流的流动模式，及其影响因素。通过物质流分析可以定量或者半定量衡量人类经济社会活动的物质投入、产出以及利用效率；确定物质在经济系统流动路径的影响因素，并为经济系统的物质流动路径和模式的调控提供定量基础。

---

[29] 所谓“内生”是指主导着发展行为轨迹的持续推动，在于系统的内生动力。依照数学上的常规表达，是指描述系统“内在关系”和状态方程组的各个依变量，这些变量的自发组织、自觉调控、向性调控和结构调控，都将影响系统行为的总体结果。关于资源利用的无效率，本文认为主导影响因素应该包括三种，即技术进步、消费模式和资源配置效率。相对于技术和消费原因，资源配置效率对资源利用的无效率贡献更加突出。

（二）物质流分析的特点

物质流分析作为研究经济系统中物质流动的一种方法，其基本思想可以追溯到多年之前。艾瑞斯和尼斯于 1969 年第一次建立区域物质平衡方程，对国家尺度的区域物质流进行了系统分析，他们研究的重要意义在于，首次将经济学对物质流的视角从生产和消费过程扩展到废弃过程，并对之进行了严密的数理分析。此后，随着可持续发展研究的不断深化，物质流分析方法才开始得到生态经济领域、产业生态学等领域内更多学者的关注。物质流分析的基本观点是，人类活动所产生的环境影响在很大程度上取决于进入经济系统的自然资源和物质的数量与质量，以及从经济系统排入环境的资源和废弃物质的数量与质量。前者产生对自然生态环境的扰动，引起生态环境的退化；后者则引起环境污染。它从实物的物理量度出发，通过分析人类对自然资源和物质的开发、利用与废弃过程，研究对自然资源的开采、生产、消费、循环、废弃等过程，揭示资源在特定区域内的流动规律，找出资源和环境问题的直接来源。

近年来，物质流分析工具在清洁生产、产业生态学等研究领域，应用非常广泛。其中，比较常用的分析工具有原料流分析（Material Flow Analysis ，MFA）和生命周期评价（Life Cycle Assessment，LCA）。MFA 主要分析物质或者商品通过经济系统的通量和路径。这里所提到的“物质”的含义具有三个重要的基本特征：第一要具有一定质量，第二可以被人们所感知，第三以固、液、气三态存在。另外一种方法 LCA，则主要关注产品生产过程中或者产品的使用对周围生态环境的影响。MFA 和 LCA 两类方法在分析对象、适用边界、分析目的上各有侧重点。其中 MFA 根据研究目的、分析对象可以被分为三类[106]：元素流分析（Substance Flow Analysis，SFA）；基于工艺过程的原料流分析（Process-based material flow analysis，PMFA）；基于产业的原料流分析（Industry-based material flow analysis ，IMFA）。

在进行物质流分析过程中有两个核心的原则：物质平衡原理和系统性原理。从物质平衡角度看，经济系统的投入是能源、食物和原材料，它们一部分转换成最终商品，一部分变成残余物。除了部分商品进入残余物流具有时滞外，最终商品也会进入残余物流。整个过程，被消费的商品实际上仅仅提供了某些服务。它们的物质实体仍然存在，要么进行再循环，被重新利用，要么直接进入自然环境中去。在这样一个封闭的、没有净积累的经济系统中，排入自然环境的残余物必然大致等于进入经济系统的投入。物质流流经每个经济活动的过程都遵循物质平衡方程。选定的研究对象包含多种形式的流。每种流都会经过不同经济活动过程，不同的流之间也可能会发生相互之间的联系。

在进行物质流分析时，从分析的对象上划分，可以有产品，也可以有氯、磷等具体的化学元素。从分析的层次上划分，物质流分析包括区域经济系统的物质资源平衡分析、产业部门物质资源流动分析和产品层次分析。从物质流的规模看，既有单一流的分析，也有多种流叠加在一起的分析。不过，几乎所有的分析都是以物质平衡原理为基本依据，将区域、产业部门和企业的物质流分为输入、贮存与输出三大部分，通过研究三者的关系，跟踪、定位物质利用及转化途径。静态分析用于研究输入端环境退化和输出端环境污染的来源，预测特定物质资源投入量和技术水平与管理政策变化可能产生的环境影响；动态分析用于预测系统当前贮存部分中的物质最终转变为废物时产生的环境影响。总之，物质流分析可以较为客观地评价区域、产业层次物质流或产品层次物质流的特征。

对经济系统的物质流动规律的分析和探讨是循环经济研究的核心内容，这种从物质流视角看经济系统，也是循环经济研究与区别于其他经济学研究领域的重要特质。经济系统物质流分析首先要完成对经济系统物质流的静态描述，也就是说，在某一时点上，经济系统的物质流是一个什么状态。其次要理解各种因素是如何影响经济系统物质流流动的，第三是应该如何引导经济系统物质流的流动，或者说依据影响经济系统中物质流动的各种因素的作用原理，提出提高资源利用效率、改善资源环境问题的物质流流动模式。经济系统的物质流分析应该重点包括以下三方面的内容：从静态角度理解经济系统中物质流的规模；从动态角度理解经济系统中物质流流动过程。如何影响和调控管理物质流动过程。

循环经济理论对于物质流分析的要求是涵盖上述三个目的，特别是融入社会经济因素的物质流分析，这也是与以往物质流分析的重要区别。

三、物质经济代谢分析是循环经济理论的微观分析基础

循环经济研究的宏观视角是探讨经济系统规模限制下未来经济发展模式的问题。面对环境资源稀缺性的威胁，经济是停止还是继续前进，还是转换经济增长的传统思维，寻求新的增长方式？从“增长的极限”一直到“超越极限”，其间学者态度的变化，让我们对未来提出了些遐想。但是，不管争论结果如何，问题的激辩进一步展现了对生存环境的关注和理解。从目前学者的共识看，传统线型经济发展模式的转变似乎是突破增长极限的一条富有希望的途径。循环经济的研究也正是在这种环境下孕育成长起来的。它从宏观层次上探讨经济的最优规模和经济系统规模限制下的区域经济发展模式转变问题。从微观层次上探讨市场机制

如何影响经济系统物质流动过程的问题。

物质经济代谢研究是循环经济理论的微观分析基础。从经济学意义上讲，循环经济是在给定经济系统存在规模限制的前提下，对经济系统运行所需的资源要素（物质流）进行配置的研究。资源配置的动态结果在物质载体上呈现即是经济系统的物质流动过程。而物质经济代谢研究恰恰是对经济系统的资源配置过程的微观分析，第一，经济系统的物质流研究是循环经济的微观分析基础；第二，从代谢的观点认识经济系统的物质流活动。物质经济代谢概念正是基于这两个基本认识提出来的。

在生态规律和经济规律双重制约因素下的经济系统的物质流动过程称之为物质经济代谢（过程）。生态经济大系统的代谢包括物质在自然生态系统内的代谢和在经济系统内的代谢。物质经济代谢过程与物质代谢过程共同组成生态经济大系统的代谢过程。物质经济代谢内涵是循环经济物质流研究的理论起点。与传统经济系统中利用效率较低的线性物质流动相比较而言，循环经济中物质经济代谢更加突出物质循环及能量的梯级利用的流动路径多样化。从代谢角度看，循环经济理论和实践是改变经济系统物质经济代谢规模和代谢效率的交叉学科研究领域。物质经济代谢过程是循环经济的微观分析层次，而该层次恰恰是影响物质流的社会经济因素和生态因素重合作用的交叉点，因此，该层次研究是引导循环经济从“循环”走向“经济”的关键。

四、物质经济代谢规模与物质经济代谢过程

经济系统物质流主要涉及两方面的问题：第一是有多少规模的物质进出经济系统；物质既可以是一种，也可以是多种，主要依据研究目的而定。第二是这些物质是如何流动的，也就是影响物质流动的因素和作用机理是什么。如果从代谢的视角看经济系统的物质流，第一个问题看做是物质经济代谢规模的研究，也就是与生态系统承载力匹配的物质经济代谢规模的核算与分析问题。第二个问题可看做是对物质经济代谢过程的研究。物质经济代谢规模体现了资源流（包括物质流和能量流）进出经济系统的规模。而物质经济代谢过程涉及了物质经济代谢路径变动的问题。

五、代谢网络的演化：路径替代与路径依赖

物质经济代谢过程的研究通过分析物质经济代谢路径来进行。同一物质在经

济系统中的利用模式并不是单一的，经济学含义上可以理解为它对于企业和家庭具有不同的效用。这就可能导致不同种类的物质经济代谢归宿。

- 假如考虑到进入经济系统有各种各样的物质，这些物质经代谢路径组成了一个错综复杂的网络，称之为物质经济代谢网络。
- 由于经济系统的有限规模客观存在，社会经济系统会通过技术进步、信息供给、制度供给来改善已有代谢网络，这就可能会使代谢路径上发生不同物质之间的替代，而这种替代直接会导致已有物质经济代谢路径模式发生变化。这种现象称之为物质经济代谢路径替代现象。
- 由于转换成本以及风险等因素，即使在物质替代的价格上具有可行性，但是企业还会有倾向维持产品组成或者技术使用的趋势，从而维持已有的物质经济代谢路径，称之为物质经济代谢的路径依赖现象。

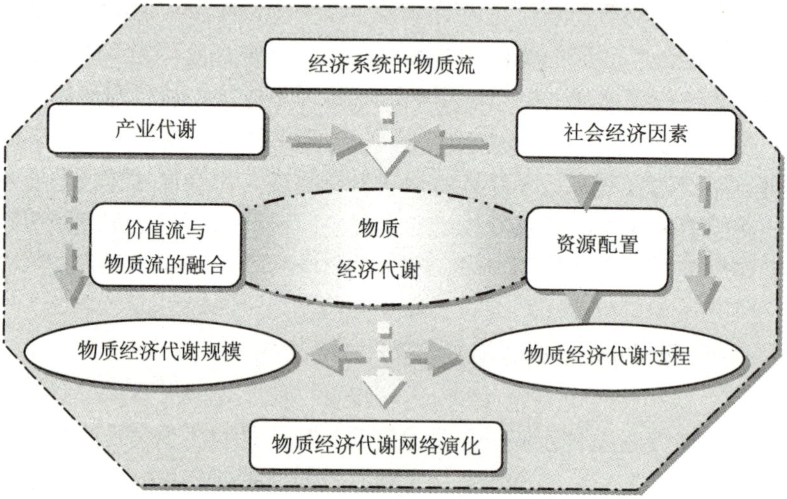

图 6.1 物质经济代谢概念框架

第二节 物质经济代谢基本模型

一、模型的假定与边界

在建立物质经济代谢模型之前，需要明确几个观点。

- 首先，最基本的前提是人类希望在地球上能够持续地生存下去。
- 其次，经济系统被看做是地球生态经济大系统的子系统，由于环境资源的稀缺性，经济系统的膨胀具有规模上的限制。
- 最后，物质经济代谢过程仍然是以经济系统为边界，与以前学者的研究相比，物质经济代谢过程是站在生态经济大系统的角度来认识经济系统物质经济代谢过程的。

长久以来，传统经济学家认为（或者隐含的指出）经济系统中价值循环[30]并没有与外界环境有着物质和能量通量的联系，经济系统仅仅是一个孤立的系统，按照尼古拉斯·乔治斯库-罗根（Nicolas Georgescu-Roegen，1971）的话：标准经济学教材中描述经济过程的循环图式仍然是一个处于完全封闭系统中动荡于生产和消费之间的钟摆运动，见图 6.2。

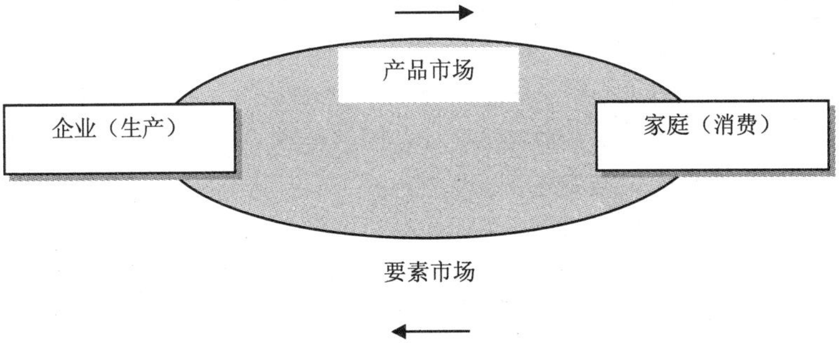

（资料来源：Philip A.Lawn.2000.Toward Sustainable Development:An Ecological Economics Approach.CRC Press LLC，Boca Raton，Florida）

图 6.2　传统经济学的循环模型——把经济系统作为一个孤立系统来认识经济过程

如果从生态经济大系统看，经济系统不是一个孤立的系统，而是一个开放的封闭系统，它与自然生态系统共同组成了地球生态经济系统。从以上阐述的经济过程模型看，如果进一步考虑如何才能维持或者支撑经济活动过程的资本存量，我们的目光自然而然的就会从关注交换价值过渡到关注生产和消费过程的物质基础。如果从热力学看，经济过程中的生产和消费过程都是物质转换过程：生产过程就是将低熵资源转换为产品，然后消费过程将产品再转化为高熵的废弃物。而在这整个过程中，线性的通量成为了关注的焦点。但遗憾的是，由于经济学过度关注交换价值的循环模型，便想当然的认为物质产品也像交换价值那样可以永远循环下去。正如海伯纳和图卢（Heibroner and Thurow，1981）提到的观点："经

[30] 抽象的交换价值可以循环，因为它们并没有生物物理维度的衡量。

济过程所产生的产品流如同抽象的交换价值那样，是可以循环的，也可以自我更新和自我繁衍，经济系统的产出也可以看做是经济系统的新投入。”[89]很明显，在这里他们所关注的是产品，而不是抽象的交换价值。他们提出上述观点的一个重要假定就是，经济过程可以完全脱离支撑它的生态环境。他们像大多数经济学家一样，把经济系统看做是一个孤立、自我更新的系统，也不依赖物质和能量的线性通量（Linear Throughput）[31]。

当然，造成这种观点的原因是，交换价值的循环模型将经济系统视作一个封闭系统来考虑的。由于经济系统依赖于支撑它的环境资源，所以将经济系统看作一个开放的热力学系统，即依赖于线性通量。当然，提出线性通量并不是要忽视或者拒绝交换价值循环模型中的重要性。线性通量模型中仍然还会看到交换价值在企业和家庭之间的循环，唯一的区别是，线性通量模型将会真正地承认经济过程始于低熵资源而终于高熵废弃物的过程（图 6.3）。因此，线性通量模型可以说明生产和消费的生态限制[90]。

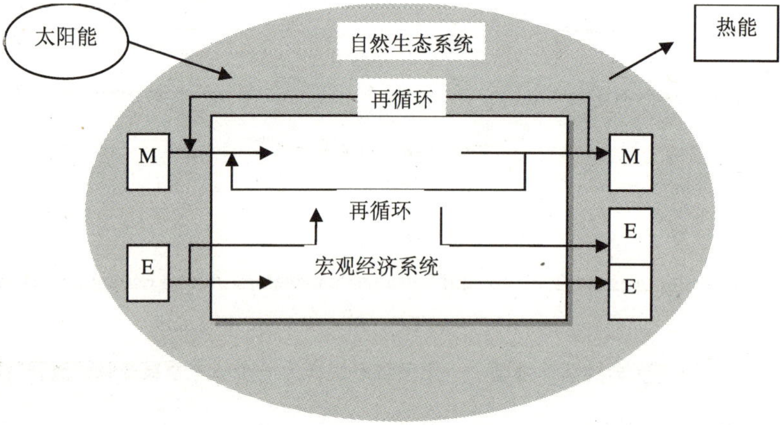

（M—物质；E—能量；→—物质或者能量流；■—自然资本；□—人造资本

（资料来源：Philip A.Lawn.2000.Toward Sustainable Development:An Ecological Economics Approach.CRC Press LLC，Boca Raton，Florida）

图 6.3 线性通量模型——经济系统作为一个开放的子系统

但是，经济系统的通量规模与生态经济大系统的规模如何协调？经济系统的代谢能力与自然生态系统代谢能力如何关联？如何从生态经济大系统认识经济系统的物质经济代谢过程？如果仅从简单的线性通量模型，并不会获得所需要的答

---

[31] 线性通量（Linear Throughput），界定为对经济系统处理的物质－能量规模的量度。如果将经济系统视为开放系统，与交换价值的循环模型相比，经济系统过程是一个从低熵到高熵的线性过程，是不能循环的，因此通量具有线性特征。

案，也不会获得对物质经济代谢过程的理解。这里面的原因主要有三点：

- 第一，如果从生态经济大系统角度看，经济系统存在着规模上的限制，也就是说，经济系统并不是无限膨胀的，它必定有一个最优的规模。
- 第二，由于自然生态系统分解废弃物的能力的稀缺性，导致物质和能量流通过经济系统的速率也是有限制的。
- 第三，经济系统与自然生态系统是一种耦合关系，物质流和能量流是经济系统和自然生态系统的重要连接纽带，另外，还存在感观和心理上的需求依赖。

产生这种差别认识的根本原因就是，研究视角发生了变化：从经济系统到经济系统与周围环境（经济—环境的界面系统），最后到生态经济大系统。基于此，提出生态经济大系统视角下的物质经济代谢基本模型（图 6.4）。

二、模型的结构说明

自然资本与人造资本的界定。广义的资本分为两类：自然资本和人造资本。自然资本是指由生态域提供的所有资本，包括不可再生和可再生资源以及生态域提供的吸纳废弃物和生命支撑的功能性服务[32]。人造资本包括实物资本、人力资本总和。所谓的实物资本是指工厂、设备、建筑物和其他基础设施。人力资本体现在个人身上的技术存量，用于提高人们的生产能力。

物质代谢与物质经济代谢组成了生态经济大系统的代谢过程。这两种代谢完成了自然生态系统与经济系统两个子系统各自功能需求的实现和维持。

自然资本（Natural Capital）的源和汇的功能：从尼古拉斯·乔治斯库-罗根对经济过程与熵的论述中可以得知，任何经济过程中的生产和消费活动是从低熵到高熵的转化过程，都会发生热能的散发，而要支撑人造资本所需的存量，就必须满足以下条件：

- 第一，有持续的低熵资源供应。如果没有低熵资源，人造资本的生产和替换活动都不能进行。
- 第二，保证生态域对高熵废弃物的吸收分解能力，如果不能保证，人造资本所需要的低熵资源将不能持续获得（如过度污染的河水是不能进行渔业生产的）。

---

32 自然资本指的是可以产生资源流和服务流的自然存量。戴利认为自然资本可以分为市场化和非市场化的两种资本。前者指的是可以定价的自然资源，后者无法定价的废弃物分解功能和生命支撑功能。本书采纳了戴利的观点来界定自然资本。

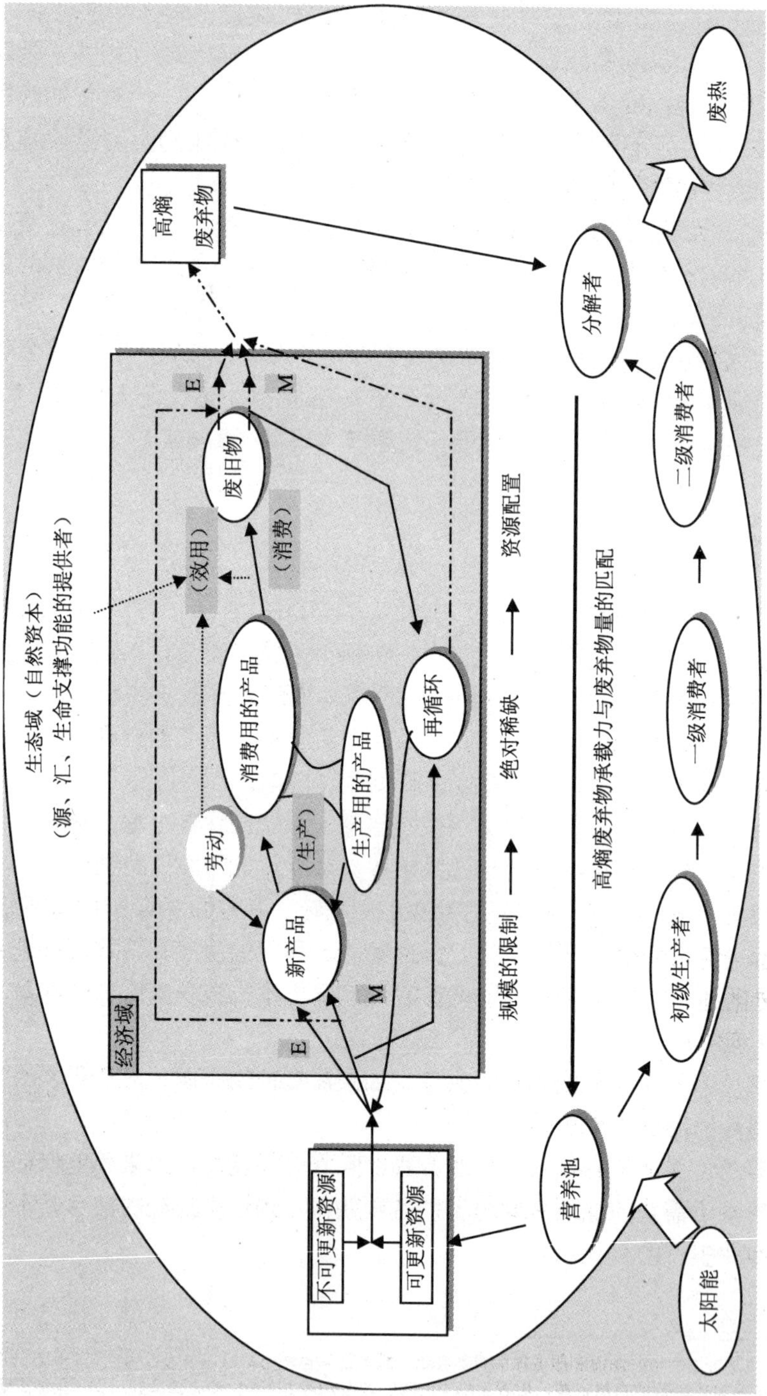

图 6.4 物质经济代谢基本模型

因为自然资本既是低熵资源的源，又是高熵资源的汇，因此自然资本具有两种对人造资本（Human-Made Capital）的重要功能：源和汇的功能。人类之所以能够生存至今，是因为这两种功能具有一定的可更新性（Renewable），而人类之所以受到自身的威胁，那是因为这两种功能的可更新性并不是无限制的。源的功能受到不可更新资源的存量和可更新资源再生能力的限制。而汇的功能则受到自然资本的废弃物吸收分解能力的限制。而且，这两种功能提升的空间也并不是无限度的，因为存在下面两个阈值：

- 第一，存在通过经济—环境边界的物质和能量的最优速率；如果物质能量规模过大，可能会导致汇功能的衰竭。
- 第二，存在经济系统的最优规模；如果经济规模过大，源功能无法保证。

总之，生态域的承载能力并不像传统经济学家认为是无限的，相反，生态域的承载能力是有限的。

我们知道，由于自然资本的稀缺，经济系统具有规模的限制，但是经济系统到底需要多少自然资本呢？准确一点就是，如果假定自然资本能够维持人造资本的最优存量，那么自然资本到底需要多少呢？要回答这个问题就必须考虑到自然资本和低熵数量两种因素。如果人造资本需通过低熵来维持的话，那自然而然会想到这同时也可能需要一部分自然资本。大多数学者认为自然资本在这个过程中的作用仍然依赖人造资本对自然资本的替代，即人造资本对自然资本源汇功能的替代。然而，问题也在这：人造资本到底能不能替代自然资本，这也是长久以来争论的焦点。很明显，这个问题的回答与所要讨论的经济系统到底需要多少自然资本的问题密切相关。当然，如果要确定经济系统所需要的自然资本的量，就首先要理解人造资本与自然资本的代替的可能性。探讨这个问题的切入点是热力学第一定律和第二定律。

热力学第一定律，也就是物质—能量守恒定律。它决定了进入与流出经济系统物质和能量是相等的。热力学第二定律，也就是熵定律，它决定了在人造资本存量增加的过程中，可用的自然资本将会越来越少。另外，熵律也为物质不能100%的循环，以及能量不能循环提供了诠释。如果将这两个规律同时考虑，热力学定律与人造资本的生产可以建立如下的联系：

- 将生产过程中所使用的资源与投入生产的自然资本中所具有资源的比率，称作为技术效率 E，根据热力学定律，技术效率 E 必须小于 1。
- 任何人造资本存量的生产或者维持都需要最小量的低熵资源的输入。

当然，所需的低熵资源这个量到底要小到何种程度，则需要取决于生产技术水平。不过，技术水平也是随着人类的发展不断变化的。例如，技术进步时，转化为人造资本所耗费的低熵资源就会变少。但是，最终也会达到热力学的极限，已经没有或者不存在热力学上的可能性，可以将生产中的废弃物进一步减少。此时，技术效率也达到了极限。同时在这一个关键点，经济系统的人造资本存量的生产和维持也存在一个再不能减少的低熵资源的投入量。这个关键点的存在与否，也正是自然资本与人造资本的有关替代/互补争论的焦点，这也是过去一些经济学家（Solow，1974；Stiglitz，1979）忽视的一点。他们相信无论自然资本存量多么的小，GDP 的增长仍然可以维持，并通过建立一些不充分的新古典自然资源模型和生产函数，去支持他们观点[91-92]。

通过以上讨论可以知道，自然资本与人造资本从根本上看是具有互补性的，而不是简单的替代关系。

- 第一，自然资本与人造资本之间的替代关系并不是严格存在的。原因是现有的任何一个有关替代的经验研究中所表现的替代都是一种“隐含替代”（Implicit Substitutability）（Lawn，1999b）[93]。这里所讲的隐含替代，指的是一种由于低熵资源投入减少而造成的替代的假象。在隐含替代性中，如果给定生产一定的人造资本数量，投入的低熵资源减少是由于减少了浪费的低熵资源数量造成的，而不是根本上或者热力学上的替代性造成的。因此，自然资本与人造资本之间的替代并没有构成真正的替代。
- 第二，人造资本和自然资本都是经济过程中重要的元素。自然资本，作为低熵资源的提供者，建立了生产过程的物质因果关系。人造资本，作为低熵资源转变的代言人，建立了生产过程的效率因果关系。如果没有物质的投入，任何效率的改进都是毫无意义的。所以，从热力学定律上看，自然资本和低熵才是生产过程的“真正投入”（True Input）（Lawn，1998）。
- 第三，人造资本本身就是经济过程（生产过程）的产物，它需要自然资本所提供的低熵资源。因此，如果要使人造资本替代自然资本的情况发生更多，就需要更多的自然资本。因此，将自然资本与人造资本之间的关系从互补的角度来理解更适合一些。
- 第四，如果人造资本对自然资本的替代性真像人们所说的那样大，那么我们为什么还耗费这么多的时间、精力和能量来积累自然资本呢？原因很简单，那就是两者是互补而不是替代的关系。虽然生产过程首先是由人造资本存量的限制，但是从长期来看，自然资本存量仍然是生产过程的最大威胁。

- 第五，如果使用一部分的人造资本存量来再循环利用生产和消费过程中的高熵废弃物，它所体现的汇功能不会完全达到自然资本所具有的汇功能。这一点也是循环经济研究中的一个重要问题，即废弃物完全循环的可信性到底有多大。

因此，自然资本与人造资本基本上是互补关系而不是替代性。鉴于自然资本与人造资本的互补性，如果要维持自然生态系统与经济系统的和谐统一，首先就要保持生态域的源和汇的功能。而要实现这一目标，对以下因素的关注必不可少：

- 第一，从生态域提取低熵资源的速率。
- 第二，从经济域返回生态域的高熵废弃物的速率和规模。

经济系统所涉及的低熵和高熵物质与生态系统的可更新能力和废弃物的吸收同化能力的比值，对于理解自然资本的源和汇的功能具有关键的作用。在阐述这个问题之前，先要明确经济系统的物质基础。经济系统的生产阶段是将低熵的资源转变成为人造资本和消费品；而作为人造资本的耗费结果，这些物质和能量都又进入到生态域中，这就是所谓的经济系统消费阶段。因为技术效率不可能是100%（E 值必须小于 1），所以高熵的废弃物也会在生产阶段产生。总之，经济过程本身是一个从低熵到高熵的逐渐耗散过程，这也是将经济系统看做是耗散结构的原因。按照普利斯金的观点，耗散结构是一个动态过程，耗散结构是处于远离热力学平衡的状态。地球也是处于远离热力学平衡的状态的系统，而经济系统也是处于远离热力学平衡的状态的系统。作为一个开放的系统，经济系统具有一定的能力去吸收低熵资源，但是，经济系统的膨胀是否也能够提升生态域的承载力呢？答案是否定的。经济系统的演化与生态系统的发展是不同的，生态系统的熵值减少可以通过太阳的熵值增加来实现，而经济系统的熵值的减少需要通过生态系统的熵值增加为代价。但是，如果遵循下面的条件，可能会减少生态系统熵增的速度。

- 第三，经济系统的增长或者维持，要以不损害生态域的源和汇功能为前提。

对于这一点，学者们有不同的见解。许多学者认为无论怎样设定经济增长的约束条件，现有的生产和消费活动都会持续不断的减弱或者减少生态域的承载力（Norgaard，1984；Ehrlich，1980）[26]。当然，这样的观点仍然需要进一步的讨论和认识，这里将不做深入讨论。

如图 6.4 所示，图左面的部分反映了生态域的源功能。自然资本以可更新资本（RKn）和不可更新自然资本（N- RKn）的形式出现。可更新资源包括空气、土壤、水以及食物链的组成。可更新资本具有一定的再生能力，它可以以一定的速率（SR）提供低熵资源作为维持或者增加生态域的承载力。如果低熵资源的利用率（HR）持续的超过可更新资本的更新率（SR），那么低熵资源的存量和剩余将会逐渐减小。这也说明了即使可更新资源也会因为过度开发而遭到耗竭的命运。因此，应保持低熵资源的利用率低于可更新资本的更新率，存量才会持续增长。值得注意的是，可更新资本存量的增加并不一定会使剩余低熵资源的增加。从生态学角度看，如果在一个成熟的生态系统中，系统的成长能力是小于非成熟系统的，因此便会产生较少的低熵资源[33][94]。

自然资本的第二种形式是不可更新资本。不可更新资本包括矿物、石油和煤等。不可更新资本本身不能自我更新，也不能产生低熵物质和能量（SNR=0）。很明显，任何对不可更新资本的开采行动都会使人类越来越依赖可更新资本。总之，任何时点的低熵资源的利用（H）都会等于所有资本类型的利用之和（H=HR+HNR）。如果给定不可更新资本不具有更新能力，那么总资本的更新能力就会等于可更新资本的更新能力。

如图 6.4 所示，右面部分是生态域的汇功能。经济过程产生高熵废弃物（W）最终都会回到生态域。生态域吸收高熵废弃物的能力称之为分解能力（A）。分解能力是可更新资本存量的函数。给定数量的可更新资本，它容纳废弃物的容量会受到可更新资本与废弃物分解能力的比率（RKn/A）影响。而且这个比率值越高，高熵废弃物就可以被安全地分解。这里要强调的一点是：与生态域的源功能不同，生态域的汇功能与经济系统的认知水平、文化变迁、技术革新有着密切的关系。例如，通过调控可更新资本的存量来达到增加废弃物分解能力的目的；将一些难处理的废弃物转变为生态域比较容易接纳的废弃物；通过改变生产模式和人造资本形式来改变高熵废弃物的性质。

根据高熵废弃物与废弃物分解能力的关系，会出现两种情况：

- 第一种情况，如果经济过程产生的高熵废弃物并没有超过废弃物的分解能力（W≤A），高熵废弃物将会全部转变为生态域的产品。
- 第二种情况，如果经济过程产生的高熵废弃物超过了废弃物的分解能力（W≥A），多余的高熵废弃物将会反馈给生态域，致使可更新资本的存量降低。最终会影响到生态域汇功能的分解能力。

显然，第一种情况是我们所需要的。

图 6.4 还展示了经济域与再循环过程。从图 6.2 中可以看出，在传统观念下，经济域是在资源相对稀缺条件下进行资源配置，物质流在经济域的流动过程相对比较简单。当考虑到经济系统的规模限制时，经济域的资源配置的前提条件从相

---

[33] 存量的规模与可更新率之间的关系通常使用倒置的 U 型生物成长曲线（Gowdy,1994）。

对稀缺转变到绝对稀缺，而物质流在经济域的流动也因经济域出现再循环过程而更加复杂起来。通过再循环过程，人类可以将经济过程产生的高熵废弃物重新用于生产目的。但是高熵能源的循环像以前所讨论的，是不存在的（Nicolas Georgescu-Roegen，1971）[95]。仅仅物质能够通过转变现有的流动路径等技术手段来实现高熵物质的再循环。再循环程度与人类所具有的技术水平有很大的关系，是技术水平的函数（O'Connor，1991c）[96]。虽然如此，我们仍然要强调一个现在很容易被大家忽略的情况：即任何一个再转化路径的合理性都要考虑低熵资源投入的问题。再循环活动并不是一个与低熵资源毫无关联的活动，任何一个再循环过程都需要低熵资源的投入，无论技术水平达到多么高的程度，它们在处理再循环的过程中也仍要服从熵律的约束。因此，经济过程仍然是允许高熵物质重新被循环利用，只不过这个过程需要更多低熵能量来驱动而已。

在物质经济代谢基本模型中再循环过程这一部分非常重要，这也是目前循环经济理论和实践研究的焦点部分。虽然经济系统的规模和低熵资源的投入量要受到生态域的源和汇的功能的限制，但是经济系统却有容量来重新利用废弃物。不过，我们也不能依赖再循环过程能够完全突破经济增长过程中的生态域的源和汇功能的局限性，因为再循环过程仅仅为增加经济系统的规模提供了一个重要机会而已。

第三节　循环经济与经济最优规模的确定

如果从效益最大化的角度看，所谓的经济最优规模可以定义为可持续净收益最大化（Lawn，1999）[116]。经济的最优规模是在生态经济学中最早提出的，但也是理解循环经济理论所必须要关注的问题。最优经济规模通常被认为是可持续发展相关经济学（当然也包括生态经济学）中的最基本的宏观经济目标，因为它已经被认作是衡量可持续经济福利的最佳方法。当然，这样的判定与传统经济学或者标准经济学所提到的宏观经济学目标具有明显的差异。标准宏观经济学所提到的宏观经济调控目标通常是：低通货膨胀、充分就业和经济增长。但强调经济最优规模决不是要忽视标准经济学所坚守的价格稳定和充分就业等宏观经济目标。与此相反，最优经济规模可能更加重视失业问题，并将之内化到可持续最大的净收益的计算中去。

在确定最优经济规模问题之前，我们先来分析一下标准经济学忽视最优经济规模的原因。为什么标准经济学会忽视最优经济规模问题呢？除了 Nicolas

Georgescu-Roegen 提到的“标准经济学固有的经济过程的循环图式仍然是一个处于完全封闭系统中动荡于生产和消费之间的钟摆运动”的重要原因之外，还有标准经济学的宏观和微观之分的因素。如果浏览一下经济思想发展史，就会发现，微观经济学和宏观经济学完全是不同思想的学者的作品。例如，微观经济学实际上就是在不断设定规模的膨胀变化的。无论是企业生产决策还是消费者的决策，通常都会从成本-效益的数学分析中获得结果。总之，微观经济学就是在不停地区分成本和效益，关于边际收益递减和边际成本递增的经济学定律也符合任何给定的经济活动。

但是，标准宏观经济学却没有涉及最优规模概念。也没有任何的努力去对比相关的收益和成本，进而确定最优经济规模。经济增长通常被认为是简单而又必须的事情。经济学家关注经济增长带来的收益时，往往忽视了所付出的成本。也正是这种忽视，导致了并不明白现在的经济系统规模是否达到或者超越了最优经济规模的阈值。

那么该如何确定这个最优经济规模的阈值呢？更具体一点的问题就是如何确定经济活动相关的成本和收益呢？首先，假定经济系统是一个远离热力学平衡状态的系统，并且这个系统中具有经济活动不可或缺的投入品：自然资本。人类仅有的一个任务是为了满足需求，需要不断地投入自然资本和人造资本进行经济活动，而且鉴于产出的物质产品会不断地被消费或者耗尽，新产品的生产就必须不断进行的根本需求，这个任务可能会永远持续下去。当然，这不代表经济活动可以不受到限制。从物质经济代谢基本模型我们知道，自然资本所提供的源和汇功能都是有限的。因此，仅有少量的低熵资源可以持续参加经济过程。另外，物质产品在满足最终需求的作用上也是有限的（Daly，1991）。如果考虑到这些限制的话，就自然而然产生这些问题，经济的规模应该扩展到何种程度呢？因为达到最优经济规模需要将可持续性收益最大化，因此在回答这个问题需要考虑以下两个方面的因素：

- 第一是生产和维护人造资本存量的收益是多少。
- 第二是考虑到失去的自然资本的源汇功能时，生产和维护自然资本的成本是多少。

关于生产和维护人造资本存量的收益（UB）。从戴利所提出的目的—手段序列中我们知道，人造资本存量在多大程度上满足或者改善人类的生存，取决于它对于人类最终需求的满足程度[97]。而物质产品能够满足人们的最终需求在于它能够提供我们所需要的服务。戴利将这种服务称之为“精神流”（Psychic Flux），它没有量纲，也不能累积加和（Daly，1979）[98]。作为流的概念来讲的时候，服务与费舍尔所提到的“精神收入”[34]的概念（Fisher，1906）[99]紧密联系起来了。精神收入构成了经济活动的真正收入。它有三个重要的来源：

- 一是来自物质产品的消费或者耗费；
- 二是来自生产过程中被雇佣的工人由于在生产过程中实现了个人价值获得的满足感；
- 三是由于自然资本存在所获得的美感和休憩价值。

很明显，第三个来源不是来自经济活动。然而，并不是所有的活动都可以产生这种心理满足。比如说在生产和消费过程中，如果消费者做出了错误的决策或者进行了错误的偏好排序，就将会降低心中这种满足感。戴利将不高兴的事情称之为经济活动的精神支出（Psychic Outgo）。而净的精神收益（Net Psychic Income）就是由精神收入减去精神支出而获得。

因此，如果将人造资本存量直接定义为净精神收入，就会产生错误的观念。人造资本的存量仅仅反映了能够产生收益的物理量，这个物理量本身与它所产生地净精神收入并没有直接的关联（Daly，1991；Lawn，1999）。但人们总是错误地认为消费商品的数量与获得的精神收入大小是直接相关的，这也就自然而然的产生了“消费数量越多越好”（Boulding，1966）的观念。当然，在某些时候，精神收入只有通过直接消费才能获得（如吃饭等基本生活活动），但大部分情况精神收入不会与产品的数量发生关系。因此，用于生产产品的物质能量通量应该最小化，只有能够产生的精神收入的产品质量才应该最大化（Boulding，1966）。

关于生产和维护自然资本的成本（UC）。在讨论这个问题之前，先说明以下观点：

- 第一，经济增长需要持续的物质—能量的通量。
- 第二，无论经济活动多么环境友好，对物质能量的利用都会造成对生态域的影响。因此，人类没有其他选择只有接受和承认，经济活动会使生态域的源和汇，以及生命支撑功能得到部分的削弱。失去的自然资本提供的服务就是经济活动的成本。

给定净精神收入和失去自然资本提供的服务，就可以通过下面简单的方程来获得可持续净收益（SNB）。

$$SNB=UB-UC$$

建立这个方程后，再考虑宏观经济的最优规模。宏观经济的规模应该达到什

---

34 早在1906年，费舍尔就在其专著《资本与收入的性质》（The Nature Of Capital and Income）中完整地论述了收入与资本的关系及价值的源泉问题。1930年，费舍尔对这本书的体系和内容进行了修订，更名为《利息理论》。

么样的扩展程度，完全取决于是否能够使获得可持续净收益增加。判断的准则是：

- 如果经济增长是“经济的”，即可持续净收益是增长的，那就继续增长；
- 如果经济增长是“非经济的”，即可持续净收益减少，那就停止增长。

图 6.5 中的 UB 线代表由于经济增长而获得的精神收入。而 UB 线形状具有边际收益递减规律的特征，戴利认为边际收益递减规律仍然可以适用于人造资本存量。因此，UB 线的形状与边际收益曲线的形状相似，都是逐渐向下倾斜的。

图 6.5 中的 UC 线代表了经济规模的扩展引起的成本。它代表了经济增长过程中，所引起生态域的源、汇以及生命支撑功能减弱的代价。UC 线的形状具有边际成本递增规律的特征，它表示的是相对于有限的自然环境来讲，经济规模增长所引起的成本的递增。例如：

- 当然经济增长时，不可更新资源就会得到削弱，人类就不得不耗费更多的能量去发现或者开采品质越来越差的矿藏。
- 当经济系统规模相对于生态域很小时，人类的存在不会对生态域的源、汇、生命支撑功能产生实质的影响。
- 但是当经济规模开始膨胀时，所产生的生态影响就会突出出来，而由此产生的机会成本也会较先前的影响发生质的突变。

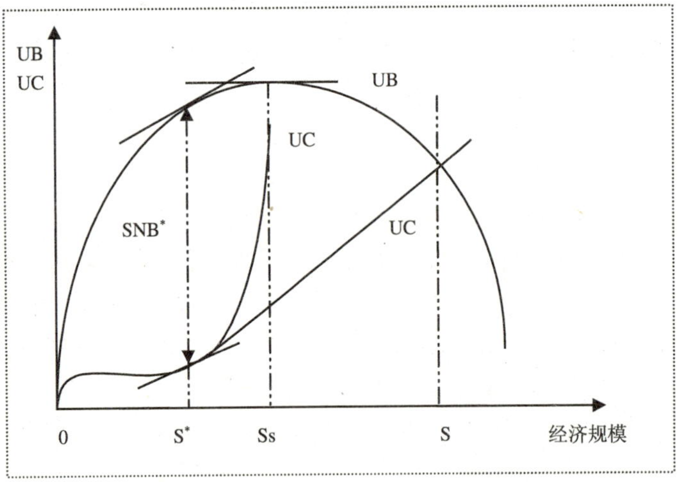

图 6.5 最优经济规模与可持续经济规模（a）

从图 6.5 中还可以看出，有一条垂直于经济规模轴（交点是 Ss）的成本线。这是的 Ss 点代表了最大的可持续规模（maximum sustainable macroeconomic scale）。它的含义是：如果给定人类的认知水平，Ss 就是维持可持续通量水平[35]的最大经济规模。如果经济规模超过了这个值，在短期内可能还可以维持，但是从长期来讲，就不具有生态持续性。

任何一个经济规模状态，如果给定 UB 和 UC 线，那么通过确定 UB 与 UC 线之间的垂直距离就可以得出可持续的净收益。即图中线段 SNB。而此时的最优经济规模为 S^*。很明显，最优经济规模与最大的可持续经济规模是不同的。可持续经济规模是考虑可持续性，而最优经济规模是在考虑可持续性的基础上，可持续净收益最大的点。

从图 6.6 中我们可以看出，经济增长仅仅是初级阶段的经济目标，而在后期经济的增长就是“非经济的”，这也正是说明了经济增长的生态限制。

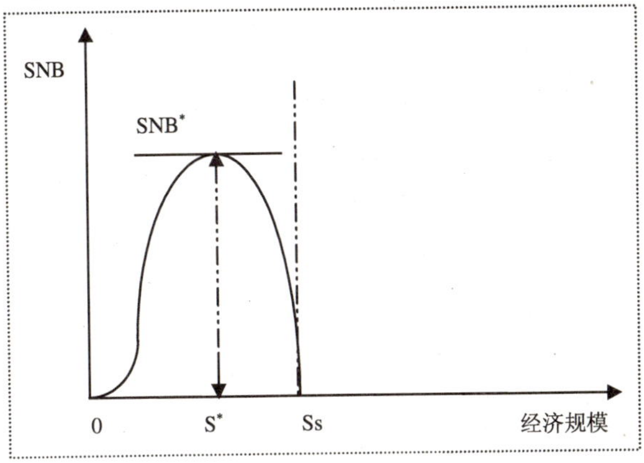

图 6.6 最优经济规模与可持续经济规模（b）

第四节 循环经济：生态经济效率与政策目标

一、资源利用效率的改善与最优经济规模

这里做一下变动分析。从图 6.7 中可以看到，UB 为经济增长的收益线，UC

35 这里所提到的可持续通量水平是指，在不损害生态系统源、汇合和生命支撑功能情况下，通过经济与环境界面的物质和能量流的最大速率。

为经济增长的成本线。如果经济过程提高资源的利用效率，收益线（UB）将会向上滑动，UB 变为 UB#；同时，考虑到保持生态可持续性，最大的可持续经济规模不变，成本线（UC）仍然保持静止不变。

移动 UB 线与 UC 线的切线让两者平行，具有两切线之间最大距离的两个切点的连线与 X 轴的交点即为最优经济规模点。可持续 S*为变动前的最优经济规模，S#为变动后的最优经济规模。Ss 为最大的可持续经济规模。由图可知，S#>S*。

从图 6.7 中可以看出，经济过程资源利用效率的增加能够获得最优规模的增加。一般情况下：

- 第一，如果最优经济规模还没有达到最大的可持续经济规模，效率的增加可以进一步提升最优经济规模的大小。
- 第二，如果最优经济规模已经是最大的可持续经济规模，效率的增加对于最优经济规模的影响就没有了。这也正是理解经济系统规模与生态限制之间关系的关键。

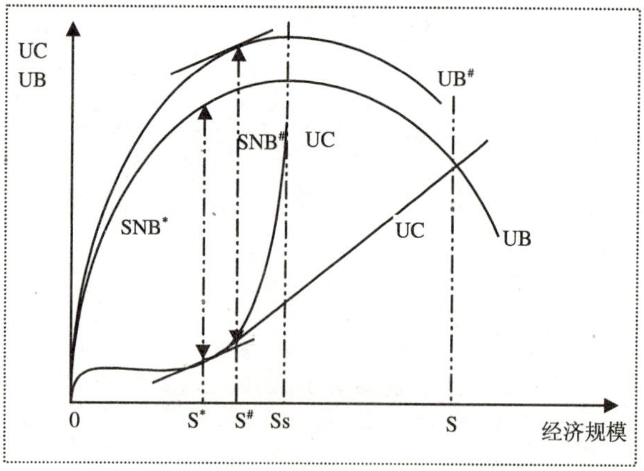

图 6.7 效率改进与最优经济规模的变动

二、生态经济效率与循环经济的政策目标

由上部分内容可知，经济过程的资源利用效率的变化对于最优经济规模的确定具有重要的意义。但是，生态经济效率与经济效率的关系是什么呢？针对该问题，我们先从经济效率的定义开始探讨。

- 所谓的经济效率一般指帕累托效率，是指配置稀缺资源的有效性。如果资源配置很有效率，那么稀缺就会满足所有人的竞争性需求。但是，如果想进一步可以增加资源配置的效率，就一定存在帕累托改进的余地。如果改进之后没有任何帕累托改进的余地了，就达到了帕累托最优[120]。

- 帕累托最优的本质是与预先所设定的环境（Circumstances）有关系的，不同的设定环境会有不同的帕累托最优内涵。比如在标准经济学中就有标准经济学的帕累托最优含义，而在可持续发展的环境下，应有可持续发展环境下的帕累托最优含义。

标准经济学提到的经济效率仅仅是解决了标准经济学范围的问题，然而如果要解决人类生存的最终目的问题，它的解释力就不够了，需要注入新的内容。这也正是生态经济效率提出的原因。

生态经济效率的含义是最优经济规模下稀缺资源的配置效率，它是在可持续的物质能量通量的状态下，对经济活动有效性的测定，以服务于中间目标/终极目标[101]。

劳恩认为生态经济效率是比标准经济学中的帕累托最优更具有一般意义的效率标准；标准经济学的帕累托最优的结果仅仅是生态经济效率的一个具体例子（Lawn，1999）。生态经济效率有如下特点：

- 第一，生态经济效率是在新的设定环境下进行考虑的，它需要在认识生态经济问题存在的条件下，考虑和解决标准经济学的问题的需要。
- 第二，它仍然是一种经济效率，帕累托改进仍然还会提高生态经济效率，同时也会趋向最优经济规模。简单的理解就是，生态经济效率只不过是可持续背景下帕累托效率结果。

当然，设定与标准经济学中帕累托效率不同的生态经济效率的环境，目的是为了能够维持经济系统与自然生态系统的协调发展的前提下，即在设定最优经济规模下，界定经济系统活动的有效性。在理解了生态经济效率的含义后，我们来重新分析和探讨循环经济问题。为了研究循环经济问题，可以将循环经济问题分解为四个具体问题。根据这四个具体问题，我们设定四个重要的宏观经济政策目标：

- 资源通量的生态可持续速率。这里所提到的通量是指通过经济系统的物质—能量的物理指标。提到的资源通量生态可持续速率的可持续性，就是从低熵资源的耗费和高熵废弃物的不能超过生态域的更新能力和废弃物的分解能力。
- 稀缺资源的效率分配。这里所提到的效率分配与收入的分配是不同的，这里是指资源流的在各类型产品中的分配选择。稀缺资源的效率分配就是投入的资源流在产品生产中的分配要符合个体消费者偏好，当然这种偏好可以通过对这种满足感的支付来测定或者衡量。

- 收入和财富的公平分配。这里的分配是指内化在物质产品中的资源流在不同人中的分配。公平的分配并不是平均分配，而是考虑公平因素情况下，在富裕和贫穷之间的分配。
- 道德水平的改善。这里的道德水平的改善是指观念或者价值观要符合或者服务于实现持续生存的最终目的。

从标准经济学的研究内容看，大部分经济学家都承认稀缺资源的配置和财富的分配这两个政策目标具有一定的独立性。然而，很少有人能够认识到最优配置与最优规模之间也存在一定的独立性，即承认效率配置与不可持续的通量水平也可以共存这个客观事实。虽然大部分主流经济学家都认为资源的可持续利用可以通过给资源赋予正确的价格，即可以通过让市场反映出资源利用和废弃物产生的边际成本就可以获得解决，但这种观点并没有获得一部分经济学家的赞同（Daly，1992，1996；Bishop，1993；Gowdy and Mc Daniel，1995；Costanza et al.，1997）[102][103][104]。

实现政策目标的工具选择：

- 资源通量的生态可持续速率的工具。到目前为止，仍然没有可以直接定量控制经济系统所需资源通量的政策工具。
- 稀缺资源的效率分配的工具。一般来讲，资源的效率配置都是通过市场供需关系所确定的相对价格来实现的。但是由于环境资源的公共物品属性，在调控市场价格时，必须要考虑如何改善市场失灵的状况，以确保市场价格能够反映（尽可能地反映）资源流分配的边际社会效益和边际社会成本。

本书下面的部分将从代谢角度来探讨这两个政策目标是否可以在同一个分析框架进行分析。

第五节　循环经济与管理工具：物质经济代谢分析

从前面分析可以看出，循环经济问题可以分解为四个比较重要的政策目标，其中，资源通量速率的管理和稀缺资源的效率分配是其中重要的组成部分。这两个目标表面上相互独立，但是却有内在的联系。问题探讨到这里，应该自然而然地提出一个早应该提出的需要进一步解决的循环经济理论问题：

- 那就是上述这两个政策目标是否有可能在同一个逻辑分析框架下实现？
- 如果可以的话，又该使用什么样的分析工具？

结合前面几章的论述，并依据本章前面部分所构建的模型，本书认为：

- 从代谢的角度认识经济系统，用物质经济代谢概念和物质经济代谢分析框架，可以将这两个政策目标置于同一个逻辑分析框架中进行分析，并找到实现目标的途径。

前文已经阐明，在生态规律和经济规律等双重制约因素下的经济系统的物质流动过程称之为物质经济代谢。物质经济代谢涉及代谢规模和代谢过程两部分内容。物质经济代谢的宏观分析即是物质经济代谢通量分析，而微观分析集中在物质经济代谢过程分析。

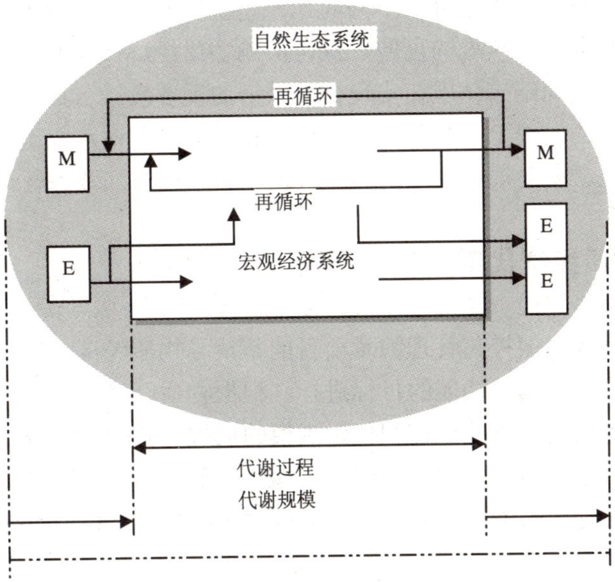

图 6.8 物质经济代谢分析内容

一、宏观分析：物质经济代谢通量分析

从图 6.7 中可以看出，物质经济代谢分析涉及宏观分析和微观分析。宏观分析是通过代谢规模的分析来体现的。如果将经济系统和自然生态系统看做生态经济大系统的构成的话，根据系统投入产出的思想来看经济系统，资源流通过经济系统与经济—环境边界。本书假定，经济系统的生态规模由资源通过经济系统的

规模来衡量。而进出经济系统的资源流规模则通过通量（Throughput）的概念来表示。物质经济代谢规模体现了资源流（包括物质流和能量流）进出经济系统的规模。

那么，代谢规模为什么被提出来用为物质经济代谢的宏观分析？代谢规模用什么参数来衡量？代谢规模分析又应该将重点放在何处？这一系列的问题，我们将在第七章进行详细探讨。

二、微观分析：物质经济代谢过程分析

物质经济代谢的第二个层次是微观层次分析，在这里它被定位在物质经济代谢过程分析。与代谢规模分析不同的是，它主要通过分析微观主体对资源以及资源载体的产品的供需状况的反应，探讨影响物质经济代谢路径变动的因素，而最终代谢路径的变动结果体现在实现循环经济的重要政策目标：资源在不同产品之间的效率分配的实现上。本部分通过建构物质经济代谢路径选择模型，来对物质经济代谢路径的变动规律进行阐释。我们将对此在第八章进行详细的研究。

三、物质经济代谢调控与管理

物质经济代谢调控与管理的重要目的是诱导物质经济代谢过程朝着维持生态域源、汇以及生态服务功能的目标进行。根据物质经济代谢分析内容，物质经济代谢调控分为代谢通量的调控和代谢规模的调控。其中，涉及的调控手段主要有市场和政府。为获得最大的调控收益，如何处理市场与政府之间的关系是物质经济代谢调控与管理的主要内容。我们将对此在第九章进行详细探讨。

本章小结

本章提出物质经济代谢的概念框架和分析内容：

第一，通过回顾古典经济学、新古典经济学研究，指出循环经济、物质流与稀缺资源配置的内在关系。循环经济研究正是现今社会经济条件下对古典经济学家斯密所提的两个问题进行进一步探索；经济增长和资源配置仍然是循环经济研究关注的重心。重要的区别是循环经济研究将这两个要点与自然生态系统的承载力联系起来而已；循环经济是在给定经济系统存在规模限制的前提下，关于对经济系统运行所需的资源要素（物质流），进行配置的研究；资源配置的动态结果

在物质载体上呈现即是经济系统的物质流动过程。

第二，认为循环经济问题可以分解为四个具体问题来进行分析，并依据这四个具体问题提出循环经济的四个宏观经济政策的调控目标，即资源通量生态可持续的速率；稀缺资源的效率分配；收入和财富的公平分配；道德水平的改善。

第三，指出物质经济代谢概念的重要特点。在自然规律和经济规律双重制约因素下的经济系统的物质流动过程称之为物质经济代谢（过程），认为生态经济大系统的代谢包括物质在自然生态系统的代谢和在经济系统内的代谢，物质经济代谢过程与物质代谢过程共同组成生态经济大系统的代谢过程。与传统经济系统中利用效率较低的线性物质经济代谢相比较而言，循环经济中物质经济代谢过程更加突出物质循环及能量的梯级利用模式的流动路径的多样化模式。

第四，提出基于“通量—路径—绩效”的物质经济代谢分析框架，包含物质经济代谢通量分析和物质经济代谢路径分析以及物质经济代谢调控与管理的分析框架。并进一步提出物质经济代谢分析框架的理论创新涵义是将资源通量速率和稀缺资源的效率配置这两个调控目标融入在同一个分析框架进行分析。

第七章　物质经济代谢通量

物质经济代谢通量分析是物质经济代谢分析的宏观层次。本章将根据物质经济代谢的基本模型来建立物质经济代谢模型Ⅰ：物质经济代谢通量模型，然后提出通量分析的主要内容以及分析方法和工具。

第一节　物质经济代谢通量分析的理论基础

一、循环交换价值和线性通量

目前经济学理论更多关注交换价值的循环模型（图 6.2），尤其是宏观经济理论和国民核算体系的研究。在传统的经济理论中，从企业到家庭，镶嵌在商品和服务流中的价值被称作是国民产值；从家庭到企业，作为生产要素的价值称之为国民收入。交换价值的循环模型通过关注两个市场（产品市场和要素市场）交易的交换价值、决策，组织生产和家庭消费，使整个经济过程运行起来。从交换价值的循环模型中可以看出，尽管经济活动所涉及的物质在种类上具有相当大的差异，但是循环模型却通过交换价值这一媒介将这两个市场（产品市场和要素市场）统一起来，这其中重要的原因是交换双方具有对等的交换价值（尽管物品的使用价值是不同的）。

虽然经济系统通过交换价值将产品市场和要素市场连接起来，构成一个循环，但这并不意味着可以忽视经济系统的生态基础，因为在经济系统中，由交换价值组成的循环流的交换与物质—能量流是共同运动的。与抽象的交换价值相比，进入经济系统的物质流和能量流是不能完全循环的。投入经济系统的物质—能量流开始于低熵资源的开采，结束于高熵废弃物，最后进入生态域。如果将经济系统看作一个开放的系统，物质—能量流只能是线性的，因为它们最终都会以高熵状态进入生态域。虽然在保证充分的低熵资源投入情况下，物质流可以循环，但却不能 100%的循环，而且能量从本质上根本不具有循环性。因此，以物质流和能量流为基础的通量含义也应该是线性的。从以上的理解和探讨也可以看出，经济学的循环模型是不能脱离线性通量模型，它们是相互依赖的一个整体，是同一事物的不同方面，也是维持经济系统正常运行的必需要素。

但是循环模型经常被看做是一个孤立系统模式，同时，也不承认与周围的生态域存在某种联系。从目前主流经济学研究范式看，物质流和能量流的通量仅仅是在交换价值的阴影下进行活动（Daly，1991）[107]。

其实，经济系统的交换价值与通量具有内在联系，两者均非常重要，而且不能相互覆盖。两者是针对不同目的，阐述经济系统不同角度的意义。经济学家争论说通量模型毫无意义，原因是他们不能给我们关于经济活动的成本和效益的平衡方面的信息。自然科学的学者也说经济学模型毫无意义，原因是他们并不能告诉我们经济系统使用了多少物质和能量。两种观点的相互独立并不代表双方是相互矛盾的。经济系统生态约束的确定，需要从认识经济系统的物质经济代谢通量开始。

二、最优规模与最优配置：市场机制能够解决规模问题吗?

长久以来，主流经济学对规模的关注仅仅停留在企业理论的研究。随着资源环境问题逐渐突出，一部分经济学家才慢慢将经济规模的增长与生态环境（生态域）承载力联系起来综合考虑。根据前文部分所阐述的内容，经济系统具有边界限制和熵约束的因素。而在给定生态域功能限制的前提下，经济规模的增长会导致资源稀缺性的增加。但遗憾的是，由于市场机制自身的缺陷，市场价格却不能或者完好地反映这种稀缺性，结果使负外部效应（Externality）导致的生态服务逐渐丧失。

稀缺资源在经济规模处于比较小的状态时，由于供给量并不能影响生态域功能的削弱，因此是可以“免费”供给的，这种状态也是传统经济学主要关注的状态。但是这种状况不可能持续太久，当到了经济规模增大到一定程度时，资源的稀缺性就会突出显现出来。而且当人们对这种状态的关注越来越强烈的时候。在经济系统内部就会存在着一股试图对这种稀缺的状况进行改善的内在动力。一般来讲，经济系统的反应主要通过环境资源的产权界定或者影子价格来对环境资源重新定价，以此来改善资源在市场上没有被公平对待的状况。经济学理论认为一旦逐渐增长的规模使得“免费”的资源成为稀缺的资源时，最好给予这些免费资源一个正价格，而不是仍然像以前一样以免费或者零价格对待。但即使这样，仍然存在一个重要的问题需要解决是，如何才能知道规模已经到了转折点，更专业化的说法就是这个最优规模点在哪里？如果仅仅依靠市场价格系统，似乎不能给出这个问题的答案（Daly，1992；Costanza et al.，1997）[102-104]。

为什么说市场的价格机制不能解决规模问题？原因是市场仅仅解决效率问题而没有能力处理规模问题。我们知道在市场处于完全竞争的状态下，价格机制可以使得稀缺资源处于效率分配的状态，也就是帕累托最优。但是，帕累托最优与稀缺资源的产权初始分配结果没有任何关系，因为根据科斯定律，无论这个产权的界定是公平的还是不公平的，都可以使稀缺资源获得效率分配。但如果要根据公平的原则，通过价格系统去确定一个最优的产权分配结果，是行不通的，因此，关注分配公平的宏观目标并不一定与价格机制一起考虑。

而经济系统规模的确定也存在类似问题。任何一个给定的规模状态，价格机制都会完全优化代谢通量在各种产品生产中的分配。同样，如果要根据生态可持续性的原则，让价格系统去确定一个最优规模仍然也是毫无道理的。就像帕累托最优可以与不公平的分配共存一样，帕累托最优也可以与生态不可持续的经济规模共存。当然，这种不可持续的经济规模在某种意义上也恰恰体现了对后代的不公平分配。

这里通过戴利所阐述的比喻来进一步说明这个问题。设想现在要将一艘船负载最大化。如果将所有的重量都集中在船的某一点，那么可以想象，这艘船很快就要沉入水中。同样的道理，价格机制的作用仍然是将这些重量分散起来，船中越重的地方，价格就会越高。价格机制仅仅是一种资源配置机制。一旦负载的最佳相对位置确定后，即使这是一个最佳的装载方案，还会存在这条船能否承受的绝对负载问题。而现在海事惯例中的负载线标志就是绝对负载的规模。当水位达到负载线时，船就满负荷了，达到了它本身的安全承载能力。当然，如果负载的分配不具有效率，水位线很快就会达到负载线。但是，即使一条船的负载是最佳分配的，随着绝对负载量的增加，它的水位线最终也会达到负载线。超出负荷的最佳装载的船就会沉没，而且它们将以最佳的方式沉没[26]。

三、通量以及与通量相关的概念解释

- 存量（Stock）[36]，即生产品、消费品和人体数量的总和，它相当于欧文·费舍尔（Fisher，1906）所定义的资本（Capital），也可以看做是能够满足

[36] 本书采用费舍尔（Fisher，1906）、戴利（Daly，1991）等学者对存量概念的界定。

人类所需求，具有所有权关系的一切有形物体的集合[105]。

- 服务（Service），指需求被满足时，所获得的满足感，即费舍尔提出的精神收入（Psychic Income）。服务产生于存量，而存量的质量和数量直接决定了能够提供服务的强度。我们知道在享受服务时，所获得的满足感是不同的，但是，由于没有一个可以用来度量服务的单位，戴利称之为量（Magnitude）。服务还有一个比较重要的特点：它是在一段时间内获得的。因此它本身应该是一个流动的量（A Flow Magnitude），但是这个流动的量，与我们经常提到的流量（Flows）的量是不同的：服务不能加总。按照尼古拉斯·乔治斯库-罗根（Nicolas Georgescu-Roegen，1971）和戴利的观点看，将服务看做是精神流（Psychic flux）更为贴切一点[105]。
- 通量（Throughput），是指物质能量从生态域到经济系统，最后返回到生态域的物质能量流规模。这里将之具体为资源流（包含物质流和能量流）的规模。经济系统的存量维持与更新都离不开通量（Boulding，1966；Daly，1968；Georgescu-Roegen，1971）[105]。这个概念是在 1966 年鲍尔丁的《宇宙飞船经济学》被重点强调的概念。虽然费舍尔并没有提到通量的概念，但是鲍尔丁这个概念却吸取了费舍尔对资本（Capital）和收入（Income）所阐述的主要思想。

戴利在吸收费舍尔和鲍尔丁思想后，于 1974 年给出了上述三个变量之间的关系（Daly，1974）[106]：

$$\text{服务}/\text{通量}=\text{服务}/\text{存量}\times\text{存量}/\text{通量} \tag{7.1}$$

经济活动的最终收益是通过服务来体现的，而提供服务的最基本物质是低熵值的物质—能量，也就是通量。经济系统本身不能生产通量，而只能耗用通量。通量本身也不能直接提供服务，它必须首先凝聚在人造资本的存量中，通过存量来提供服务。在此意义上，存量也可以视作以能够满足人类需要的形式而凝聚或冻结起来的通量（Daly，1991）[105]。存量的作用就是将成本流与收益流分开了，一方面，服务是由存量提供的。另一方面，存量的维护也需要通量。而生产过程提供的服务就是收益，所需要的通量就是成本。

这里成本与通量联系起来，并不是意味着“熵价值论”。原因很明显，提供服务的成本并不仅仅是通量一项，还有劳动等生产因素。但是经过处理后[37]，就

---

[37] 戴利认为，提供服务的成本还包括无效劳动和形成存量过程中所耗费的时间。在稳态之下，由于存量需要的是维护而不是形成，所以可以忽略存量形成所需要的时间成本。也可以从存量所提供的服务中将无效劳动扣除，这样就得到了“净精神收入”。

可以将净服务的价值归结为服务的存量，而存量的价值可以归结为维护这些存量的通量。因此，通量与成本之间可以建立等价联系。

通量是按照机会成本原则来衡量的实际成本。用于维护人造资本 A 的通量的机会成本，是没有把这些通量用于维护更多的人造资本 B 而丧失的服务。在衡量通量的机会成本时，不仅要考虑被放弃的其他人造资本的所能提供的服务（市场机制），还要考虑到因通量造成的资源的耗竭和环境污染而损失的生态域的服务功能（无法通过市场机制来实现）。提高通量供给的真正机会成本应该是上述两者中最大的那个，而后者的确定存在很大难度。

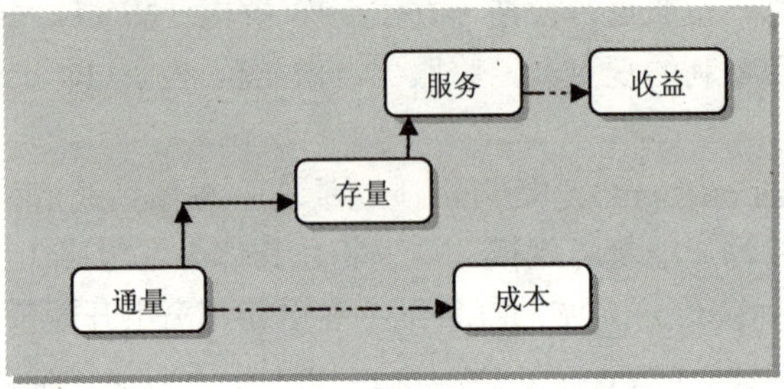

（资料来源：Herman E.Daly.1991.Steady-State Economics. Island Press，Washington ，D.C.）

图 7.1 存量、通量、服务之间的关系

所以，通量应该是产生成本的实物流，而不应简单地理解为成本本身的含义（成本通常被理解为牺牲的收益，而不是一个实物量）。同样地，存量也是产生收益的实物流，不应简单地理解为收益或者服务本身。

四、通量核算和通量分析与物质经济代谢规模的确定

物质经济代谢规模研究的核心问题包括通量的核算和通量的分析（Throughput Accounting and Analysis）两个组成部分。通量分析是以通量的核算为基础的；通量分析以通量核算建立的数据库基础。通量的核算内容按照投入环境和产出环境两个组成部分来进行。理想的通量核算应该包括两个子账户，第一个是投入账户，包括每年进入宏观经济系统的可更新资源和不可更新资源（包括能源）流量，第二个账户是每年从宏观经济系统产出的高熵废弃物。但要建立像上述覆盖面这么广泛的通量核算账户非常困难。原因主要有三点：

- 第一，进入经济系统的资源能源的数据不完整。其中，不可更新资源的数据相对比较容易获得，而其他类型的资源数据非常缺乏。

- 第二，核算物质的单位无法有效统一。由于进出经济系统的物质种类繁多，造成衡量单位也种类繁多，这给统一核算单位造成了极大的难度。
- 第三，即使能将核算对象统一，测度的价格信息也很难得到。由于环境资源的公共物品的属性，造成没有统一的市场来界定它们各自的相对价格，这也会影响代谢通量分析的结果。

第二节　物质经济代谢模型Ⅰ：通量模型

建立物质经济代谢通量模型主要目的是为区域经济系统的代谢规模提供分析理论基础和分析框架。该模型的基本原则就是从系统的观点出发，解释通过系统边界的单一或者所有物质流。我们把物质的投入（Input）界定为由于人类的作用进入经济系统的物质移动，而把物质产出（Output）界定为从经济系统流入生态域的物质流，这背后的含意就是该类物质流已经脱离了人类经济系统的控制。值得注意的是，如果系统的边界按照地理位置来区分，那么在该地域的自然过程的物质流将不在模型的考虑范围之内。

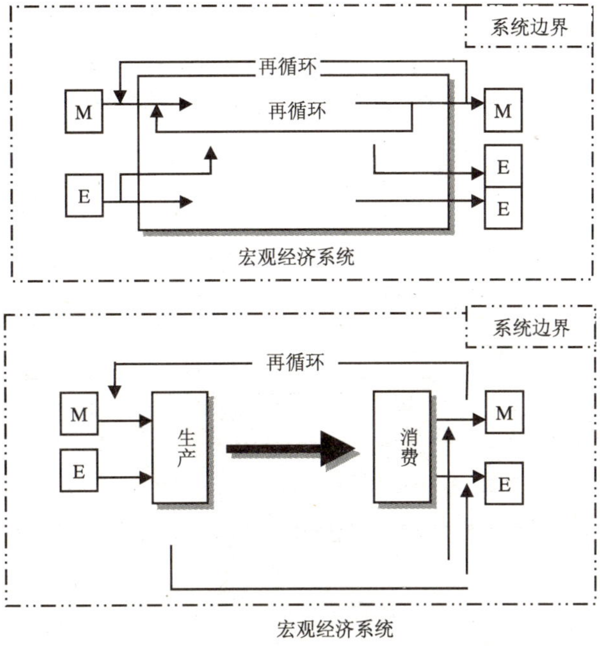

图 7.2　物质经济代谢通量概念模型

物质经济代谢通量模型的简化数学表达式：

物质流入量=物质流出量+物质存量的净变化 （7.2）

如果仅仅考虑物质，平衡方程可以表示为：

$$M_s = M_o + W_F + W_A + M_C + M_T \qquad (7.3)$$

其中，M_s 是供给的物质量；M_o 是输出的物质量，W_F 是固体和液体的废弃物量；W_A 是物质利用过程中排放出的气体污染物量；M_C 是在热的产生或其他过程中转化掉的物质；M_T 是区域内物质存量变化。

通量分析遵循物质平衡原理（Material Balance Principle，MBP），即系统边界内投入的物质总量应该等于输出物质总量与系统内存量之和[107]。如果经济系统的物质存量没有变化，那么投入物质量应与产出物质量相同。进入经济系统的物质越多，产出的高熵废弃物也就越来越多。如果物质经济代谢规模与生态域的源汇功能一致，此时称之为基本代谢（Basic Metabolim）（陶在朴，2003）[108]，也就是物质经济代谢通量与生态域的源、汇功能匹配，此时就不用担心经济活动会破坏生态域的源汇功能了。

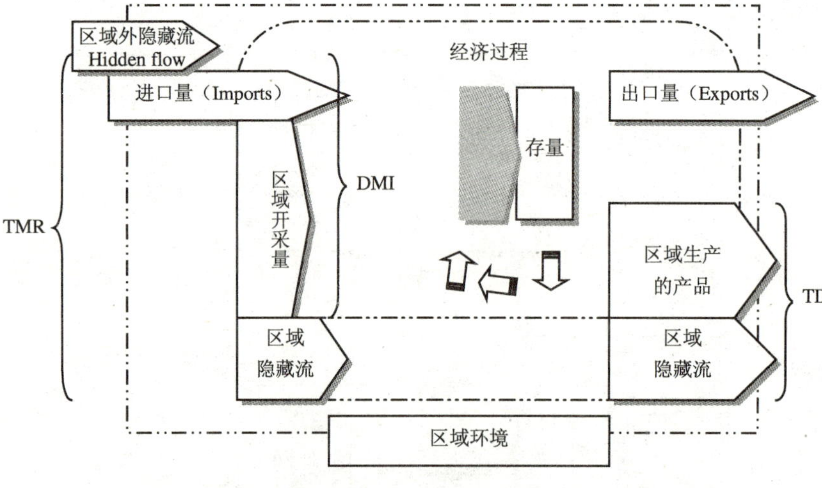

（资料来源：Bringezu S.； Schütz H.； Moll S，2003）

图 7.3 物质经济代谢通量分析相关指标（除去水和大气）[109]

下面对模型衍生的参数进行解释。

在投入侧（Input），设定了四类参数：

- 区域内的开采（Unused Direct Material Input，UDMI）。一般是指区域内

通过开采自然资源，来满足经济活动过程的需要，通常用货币价值来衡量。

- 区域内的隐藏流[38]（Domesitc Hidden Flow，DHF）。这部分物质流是指为了开采区域内自然资源，而产生的其他没有进入经济系统的物质（资源）流。
- 进口（Import）。从区域外进口的原料或者半成品以及进入区域经济系统的最终消费品。
- 区域外的隐藏流[39]（Foreign Hidden Flow，FHF）。进口的区域外产品生产同样需要上游投入物质流。与进口相关的间接流主要包括：第一，进口产品生产所使用的开采资源，第二，这部分开采资源所引起的隐藏流。与区域内的隐藏流相比，区域外的隐藏流反映了由于进口而产生的间接流。

在产出侧（Output），设定了四类参数：

- 进入生态域的区域产出量（Domestic processed output released to nature，DPO）。指的是由于生产和消费活动而引起的进入生态域的物质流。
- 区域内隐藏流的流出量（Disposal of unused domestic extraction，DHF），产生的隐藏流的流出。

表 7.1　物资经济代谢通量核算和分析指标

类别	主要指标	定义表达
输入	直接物质输入量（DMI，Direct Material Input）	DMI= UDMI +IM
	物质总需求量（TMR，Total Material Requirements）	TMR=UDMI+IM+FHF+DHF
	区域外隐藏流（FHF）	FHF=$Q \times A_F$
	区域内隐藏流（DHF）	DHF=$Q \times A_D$
输出	直接物质输出量（TDO）	TDO=DPO+DHF
	区域内物质输出总量（TMO）	TMO=TDO+EX
平衡项	净存量（NAS）	NAS=DMI−DPO−EX

其中：Q：物质当量，A_D和A_F：隐藏流系数[108]。

- 出口量（Export）。流出区域经济系统的原料、产品或者半成品。

---

[38] 德国学者通常称隐藏流（Hidden flow）为生态包袱（Eco-Rucksack）。例如为了生产钢铁，直接投入铁矿石，为了采掘铁矿石，有可能开挖许多井下的巷道以及剥离表土，后者的消耗并未直接进入生产过程，故为隐藏流。例如德国 1996 年建筑材料共消耗 632 万 t 钢材，而生产每吨钢材需要 4.08 t 的隐性投入。

[39] 国内来源的隐藏流称为国内非使用的开采量（Domestic Unused Extraction），而进口所涉及的上游物质流（如进口原料所涉及的矿石开挖量）称为非直接流（间接流）。虽然进口的间接流对本区域环境没有影响，但是对于当地却有很大的影响。

- 与出口相关的隐藏流（Indirect flows associated with exports，FHF）。生产出口商品时产生的上游物质流投入。

平衡项：

- 净存量（Material Accumulation，NAS）。

第三节　物质经济代谢通量分析

区域经济系统的代谢通量分析可为区域经济提供全面的物质经济代谢规模和代谢路径结构研究。而结构的详细程度仍要依据通量核算的种类数量而定，也就是经济系统投入和产出的分类分析。例如，代谢通量分析可以详细说明所有的区域不可更新资源的投入情况，并且通过代谢通量和代谢结构的变化查明存在的问题，以及变化的原因。

确保上述研究目标实现的基础是通量分析所遵循的物质平衡原理。在代谢通量分析中，最重要的假定是经济系统中的资源流的流入来确定流到环境的产出（从长期来看，存量最终也会进入自然环境）。另外，通量分析还会披露关于区域间资源贸易的信息。例如，一个正的资源贸易平衡[40]暗示着一定量的物质要么以产品的形式，要么以废弃物的形式存在于当地的环境中。通量的核算信息可能会利用国民经济核算体系（SNA）和环境核算的信息来组成一个相对完整的通量核算体系（Eurostat，2001）[108]。当然，通量核算体系可以与国民经济核算一起组成新的核算体系，也就是现在常常提到的绿色国民经济核算体系（SEEA）。至于通量核算能不能与物理投入产出表（Physical Input Output Table，PIOT，Pedersen，1999；Stahmer et al.，1998）[110-111]实现相互转化，需要从通量核算的口径来考虑，由于通量核算遵循的是物质平衡原理，因此只有按照产业部门层次的通量核算，才能实现将通量核算表转化成为物理投入产出表。

代谢通量分析一般比较适合单一种类通量的分析。通量分析一般与最优经济规模的评价准则相联系。当然最优经济规模的确定仍然需要从经济与环境协调的角度出发，考虑生态经济大系统的可持续性，依靠环境科学、生态科学的帮助来确定。但到目前为止，此项研究工作仍存在较大的难度。虽然如此，用通量核算、分析来评价经济规模状况应是调控最优经济规模的重要前提。

经济系统的直接物质投入量（DMI）测定的是区域内产业活动所需的和进口的通量。它包括石油、矿石、农作物、森林、渔业，以及进口的原材料、半成品、

[40] 这里所提到的正贸易平衡指的是进口的资源大于出口的资源。

最终消费品。一些国家已经具有了 DMI 的初步数据，比如挪威、匈牙利等国家。一个区域的 DMI 核定了区域的产业活动所需物质投入量。区域内物质消费量（DMC）等于 DMI 减去出口量。DMI 定义的是生产（也包括贸易）使用的物质量，而 DMC 界定了区域内的消费量和释放到环境中的量。两者可以为我们传递不同的信息。这两个指标都可以与 GDP 比较测定物质利用强度（GDP/DMI 或者 GDP/DMC）。但是需要注意的是必须考虑贸易对两者的影响。例如有些区域虽然进口大量的原材料，但是并没有在本区域内消费，马上又出口了，在这种状况下，DMI 就会比 DMC 大。

当然，使用 DMI 和 DMC 的优点和缺点都是比较突出的。优点是数据可得性比较强。缺点是它并不能反映所有基本的物质需求总量。另外，再循环过程的相关数据信息也不能反映出来。因此使用这两个指标来测度总量时需要谨慎使用。

TMR 可以用来测度物质经济代谢通量的总量。TMR 包括 DMI、DHF 和 FHF 三种核算量。目前包括英国在内的许多欧盟国家都已将该数据纳入到官方统计数据。TMC 是另外一个测度总量的指标，它被定义为 TMR 减去出口、DHF 和 FHF。TMR 与 TMC 也传递了不同的总量信息，TMR 用来反映生产所需的原料，而 TMC 用来反映区域内消费的总量。TMR 和 TMC 随时间的变化反映了经济的生态规模的动态变化。但是，TMR 和 TMC 也存在数据不易获取的缺点。

代谢通量的主要分析内容有：

■ 物质经济代谢规模分析。物质经济代谢的宏观分析主要是代谢规模的分析。

第一，区域的代谢通量界定。上述指标中，主要通过总物质需求量 TMR 指标来测定区域经济系统的所需要的物理规模。

第二，区域内外 TMR 的对比分析。该分析的结果可以反映出资源需求的跨界转移。事实表明，许多国家都存在通过区域外的 TMR 增长来发展本区域的经济倾向。这有可能直接导致资源环境压力的跨界转移，而资源密集型产业也会逐渐向欠发达区域转移。当然，如果通量核算和分析不包含 FHF 这一指标的话，就不会反映出该信息。

■ 物质经济代谢强度分析。物质经济代谢强度是以物质经济代谢规模分析为基础，我们可以将区域截面数据（DMI 和 TMR）与 GNP、GDP 等国民经济核算的宏观经济统计指标对比，得出区域物质经济代谢强度值，对该区域经济发展的所需的生态规模进行评价。代谢强度（MM）的数学表达式为：

MM= f [DMI（TMR），GNP（GDP）]=DMI（TMR）/GNP（GDP）（7.4）

上述分析可以测定代谢通量与经济增长的相对脱钩（Relative Decoulping）

的情况。

■ 物质经济代谢规模趋势预测。代谢规模的分析可以分为静态和动态分析。根据选定的区域截面数据（代谢通量数据），可以对该区域的代谢情况进行模拟再现，这即是物质经济代谢规模的静态分析。如果考虑到时间的因素，不同区域的经济系统的代谢规模可能会随时间的变化发生变动。使用 TMR 和 TMC 的指标，通过分析两者随时间变动的趋势，来理解和预测物质经济代谢规模的动态变化规律。

■ 代谢通量与物质循环利用分析。循环经济更关注经济系统内物质再循环过程。物质代谢通量分析的一个重要的内容就是测定经济系统的再循环状况。目前大多数研究都是将经济系统内废弃物的再生作为再循环利用的分析起点，但是根据前面的阐述和分析可知，由于生态域源和汇功能以及生命支撑功能的局限，经济系统存在着一个最优的经济规模，而再循环过程为改善这个最优经济规模提供了机会。为了获得代谢规模上的显著变化，再循环过程不能仅仅将目光停滞在废弃物的再循环过程，也要从源头考虑，限制资源的消费，从源头衡量的指标可以选用上文所提到的 DMI 或其他指标。因此，再循环过程应该纳入到经济系统的整体物质流流入和流出分析。

基于再循环在经济过程中的重要性，根据图 7.4 的模型，用下列指标来衡量物质循环利用过程。

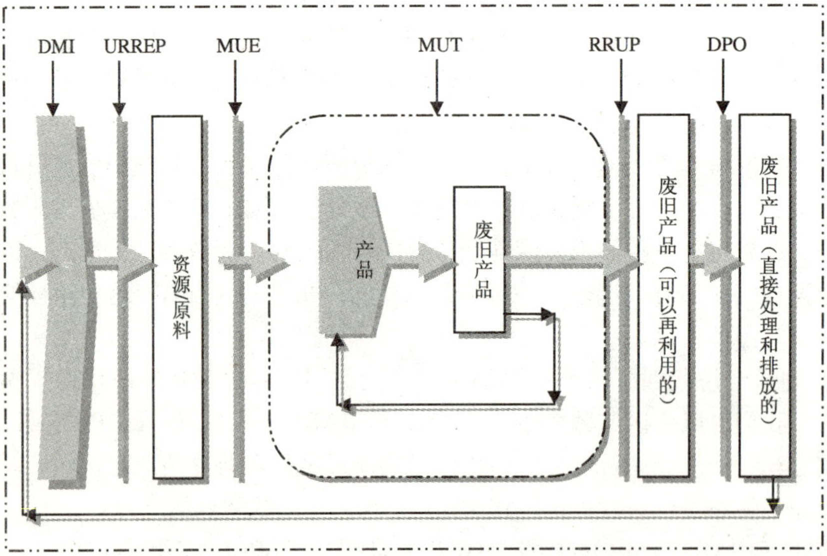

图 7.4 物质经济代谢通量分析物质循环利用过程相关指标

根据上述的模型内容，提出附加的指标，见表 7.2。

表 7.2 物质循环的相关指标

指标类别	指标的含义
MUT	产品重复利用次数
MUE	物质利用效率（副产品）
URRUP	投入侧废旧产品循环利用率
RRUP	产出侧废旧产品再利用率

关于对部分指标的概念界定。废旧产品（Used Product）主要指已经使用过的产品。副产品（By Product）是指除了生产过程产生的主要产品外的产品。再循环是指废旧产品的全部或者部分直接再利用。再利用是指通过利用废旧产品的热能实现再利用。一般而言，经济系统所产生的废旧产品主要有三种利用途径，即再循环、再利用、直接处理。所以，经济系统的废旧产品规模总量=再循环量+再利用量+直接处理量。

其中各项指标的数学表达式如下：

产品重复利用次数（MUT）=产品存量/（废旧产品再利用量+废旧产品处理量） （7.5）

副产品利用效率（MUE）=利用的副产品量/产生的副产品量 （7.6）

投入侧循环利用率（URRUP）=废旧产品的再利用量/原料消费量[41] （7.7）

产出侧再利用率（RRUP）=废旧产品的再利用量/（废旧产品再利用量[42]+废旧产品处理量） （7.8）

在给定人均消费量和人口规模条件不变的情况下，如果产品的重复利用次数越高，副产品的利用效率越高，投入侧的循环率越高，那么经济系统对一次资源投入需求也就越低，这样可以直接或者间接降低经济系统代谢的投入规模。产出

[41] 原料消费量包括了废旧产品再利用量。

[42] 所谓的废旧产品再利用量是指，重新作为投入原料的再利用量，如果这个数据信息很难得到，可以使用再利用量笼统来表示。

侧的循环率可以使用以上四个指标衡量由于再循环过程引起的对代谢通量的影响，同时，对原有的物质经济代谢通量指标进行补充和完善。

第四节 物质经济代谢通量分析方法：基本特点及方法比较

一、物质经济代谢通量分析方法的基本特点

由于经济活动涉及的物质和能量种类繁多，而且特点各异，因此所使用的物质经济代谢通量分析方法也会有所不同。一般根据所覆盖的地域、空间等因素而变化。另外，衡量物质流和能量流的单位也不同，例如可以使用体积、质量、热力学单位等。在本节集中讨论物质经济代谢分析方法。物质经济代谢通量分析方法的基本特点有以下几点：

第一，物质经济代谢通量分析方法的主要作用是跟踪物质流和能量流在微观经济主体决策行为的作用下，在经济与环境的边界上，以及在经济系统内的流动路径和规模。虽然物质经济代谢通量分析的具体方法存在差异（主要差异在于所关注的流种类、流影响在空间上的分布、不同的产业系统边界等），但是所有方法均能体现这种基本功能。

第二，物质经济代谢通量方法分析由于人类经济活动所引起的物质和能量流的所有运动过程的结果。因此，这种方法适用于对物质—能量流与经济发展或者增长之间内在关系进行情景分析。

第三，用代谢的观点看待物质流和能量流过程，是所有物质经济代谢通量分析方法的基础。在对人类与环境的关系的研究中，“模拟”的方法是一个重要途径。但我们不能仅停留在简单的模仿上。特别是对生态系统模仿，更是要异常谨慎。因为经济系统的运行规律与自然生态系统具有显著的差异。简单的模仿并不能对人类复杂的经济行为（开采、生产、消费、处置等）进行正确反映，因为，人类作为地球上一个特殊而又重要的物种，自身具有一套行为作用机制（Ayres，1994）[112]。所有方法都是从代谢的视角理解经济，将经济系统看做是持续的将物质和能量的投入转换为高熵废弃物的系统，生产和消费过程本身就是自然生态系统的分解代谢和合成代谢的重要组成部分。

第四，物质经济代谢通量分析具有系统分析的视角。所有方法都是从自然生

态系统—经济，经济—自然生态系统的两个边界，考虑系统的低熵物质和能量流的投入和高熵废弃物的产出，隐含着投入产出系统的分析模式。

第五，代谢通量观点与物质平衡原理具有较紧密的联系。物质平衡原理是考虑物质和能量流在热力学第一定律作用下的物理模型。根据尼古拉斯·乔治斯库-罗根（Nicolas Georgescu-Roegen，1966）对经济过程与熵的理解，经济系统必须保证代谢投入、存量的变化以及代谢产出间的平衡。经济过程是一个逐渐趋向高熵的过程，因此资源和环境问题不可避免，而战略对策的选择也必须在了解物质流和能量流的基础上才能做出。

第六，虽然各种具体方法的假定不尽相同，但是物质经济代谢通量分析的最终目的还是一致的，即分析和预测经济系统的生态规模。选择经济系统可接受的生态规模是实现人类持续生存目的的体现，代谢通量分析为这一目的提供了可操作的工具。

二、代谢通量分析主要方法及其特点

代谢通量的分析方法主要有物质流分析方法（Material Flow Analysis，MFA）、生命周期方法（Life Cycle Assessment，LCA）等。近年来，物质流分析工具在产业代谢的研究领域中获得了非常广泛的应用。其中，比较常用的分析工具有原料流分析和生命周期评价。MFA 分析方法主要用来分析物质或者商品通过经济系统的通量和路径结构。这里所提到的“物质”通常使用三个重要的基本特征来表征：第一要具有一定质量，第二可以被人们所感知，第三以固、液、气三态存在。另外一种方法 LCA，则主要关注生产过程或者产品消费过程对周围生态环境的影响。MFA 和 LCA 这两类方法在分析对象、适用边界、分析目的上各有侧重点。其中 MFA 根据研究目的、分析对象可以分为三类：元素流分析（Substance Flow Analysis，SFA），基于过程的原料流分析（Process-based Material Flow Analysis，PMFA），基于产业的原料流分析（Industry-based Material Flow Analysis，IMFA）[113]。下面对几种基本分析方法的特点进行分析。

（一）生命周期评价（LCA）

LCA 是一种用于评价产品在其整个生命周期中，即从原材料的获取，产品的生产、使用直至产品使用后的处置过程中，对环境影响的环境管理工具。按国际标准化组织的定义，“生命周期分析是对一个产品系统生命周期中的输入、输出及潜在环境影响的综合评价”。因此，这种方法被认为是一种“从摇篮到坟墓”

的方法。

- 从研究目的和研究对象看，该方法主要用于人们在如何改变产品或如何设计替代产品方面进行环境决策。生命周期分析能够确定产品组成部分造成不利的环境影响，提醒生产者改进[135]。
- 从分析过程的角度看，生命周期评价可以分为两个步骤。首先，进行生命周期的清单分析。整个生命周期过程包括原材料的获取、加工，产品的运输、销售、使用、储存、重复利用和使用后的最终处置。输入包括原材料和能源，输出包括废水、废气、废渣和其他向环境中释放的物质。该步骤中将会对产品整个生命周期过程中的输入和输出数据信息进行收集，收集数据的单位主要是物理单位，比如质量、时间等。这些数据主要用来建立一个有关输入和“期望得到”的输出和“不期望得到”的输出过程模型。其次，根据各自相应的环境影响，来对产品生产的资源投入水平和排放物进行评价[114]。
- 从该方法存在的问题看，对系统界定的标准存在较大问题。生命周期分析主要依据研究目的来界定系统边界，研究范围倾向于覆盖所有与产品相关的生产、消费过程。很明显，这种分析方法具有比较综合、全面的优势。但是，也会产生不利的方面，主要是研究者在对系统界定时，对系统界定标准无法统一。另外，该方法并没有完全遵循物质平衡思想，对物质平衡原理重视不够，这一点与其他物质流分析方法存在着明显差异。从方法具体应用情况看，LCA 分析方法还存在数据质量不高的不利因素。因为 LCA 主要依据线形或者非线形投入产出来进行分析，对工艺过程分析并没有依据物质平衡原理，这无疑会影响数据获取的质量。

（二）物质流分析

MFA 是目前物质流分析的主要方法。这里所提到的 MFA 是一个比较通用的术语，主要是基于物质平衡原理，来对经济系统内、经济系统与自然生态系统之间的物质流进行分析。这里提到的“物质”，既包括物质也包括对产品的分析。针对具体问题，在应用时，该方法可以分成不同的类别。这部分主要针对不同类型，对它们之间的联系和区别进行比较分析。

1．元素流分析（SFA）

SFA 主要用来分析单一化学物质通过生态经济大系统的规模和路径。

首先，从方法的研究对象上分析，本方法侧重于单一流的分析。该法中所提到的“物质”（subtance）是指原子或者分子，比如说元素和化合物。目前许多学者进行的相关研究都是与现存的环境问题中元素和化合物相联系。典型的例子：重金属（Jonsson，A.，2000；Bergbäck，B.，1992；Sörme，L.，2003），氮（Voet，E.和 van de，1996）或者氯（Ayres，R.U.和 Ayres，L.，1998/1999）[113]。

其次，本方法主要用于对环境污染的控制手段和相关政策的评价，以及对相应环境信息的披露。具体污染物的控制手段和相关政策的实施效果必须通过经验研究进行检验。SFA 可以为实现这一研究目标提供方法上的支持。SFA 分析方法在确定研究目的、系统组成、系统边界后，可以提供以下三方面的数据信息：① 所研究系统的物理特征，比如污染物在系统内的停留时间、系统的恢复率等；② 系统行为，比如系统内污染物的排放系数；③ 系统的环境影响，其中环境影响可以用产生的物质浓度与自然环境中的背景浓度进行比较而获得。

最后，该方法在对系统界定时，主要是依据系统边界范围、系统边界内的不同活动过程、所涉及的不同种类物质流等因素来确定。其中，边界范围的确定在考虑行政区域划分（国家、区域、城市）因素的基础上，重点考虑时间和空间（地理边界）等影响因素。如果仅仅关注系统体现的功能，那么在系统边界确定时，就可以不考虑时间和空间因素，而只需考虑所有可能活动过程即可。Jonsson 曾经将与重金属流动相关的技术、社会和自然过程等因素等融合在一个系统内，分析重金属通过瑞典城市斯德哥尔摩的情况[115]。他指出，模型中的重金属在进入人类社会后再回到自然过程需要一个滞后时间段，这个滞后时间段存在的原因，可以通过相关技术的变化和人类社会的行为和生活方式等因素来解释。

从模型关注的内容上看，SFA 仅仅是一类纯物理模型的物质流分析。因为 SFA 的分析重点关注那些具有一定质量浓度的物质（元素、化合物）流，而对像其他类型的物质流（生产过程投入的原料、产品等）的过程，以及现代经济发展中比较重要的服务业没有物质流的过程，没有考虑。不过，SFA 在相关的模型方法使用上具有比较好的特点，它可以使用非线形和动态的模型方法来分析问题。

2. 基于工艺过程的原料流分析（PMFA）

与其他类型的物质流分析方法相比，PMFA 与 SFA 在方法框架上具有比较大的相似性。这不但表现在系统界定，而且表现在模型方法上。唯一的不同点就是，研究对象不同。该方法重点关注的对象是易发生过度开采使用和耗竭的自然资源的使用与管理问题。

首先，该方法中提到“物质”区别于 SFA 中的“物质”。PMFA 所提到的物质，仅仅考虑“商品/产品”，而 SFA 中更多的是元素和化合物等物理概念。有一种观点从经济价值的角度对两种方法进行区分。也即该“物质”一定要具有经济价值，这个经济价值可以是正的，也可以是“负”[43]的，即必须能够在市场中进行交易。但“是否具有经济价值作为区分标准”似乎也值得商榷。因为在使用该方法分析时，可能涉及类似像生物能的自然资源。从目前的情况看，它们并不存在可交易的市场。在没有可进行交易的市场价值的情况下，较好办法是从理论上对其经济价值进行估算。因此，在考虑对这些比较有争议的“物质”定位时，仅仅考虑是否具有经济价值好像不具有太大的说服力。

其次，在研究对象上，本方法也与 SFA 具有较大的差别。一般来讲，本研究方法重点关注的对象与经济发展过程紧密相关的，主要是易发生过度开采使用和耗竭的自然资源的使用与管理问题。典型的例子有土地、能源和不可再生资源等。相比 SFA 来讲，PMFA 的研究重点集中在，自然资源使用与资源需求、宏观经济结构或者技术进步等问题。另外，该方法也可以对像森林和土壤的资源再生能力等指标[44]进行分析和评价。

再次，由于关注的研究对象不同，应用范围也具有很大的差异。该方法主要用来评价不同领域的政策，包括区域经济发展政策、能源政策、环境政策等；企业的废弃物管理政策。该方法可以提供一些数据信息：系统特征（再循环率、自我更新率）、系统行为（资源利用效率、资源耗竭率）、系统的环境影响三方面的数据信息。

3. 基于产业的原料流分析（IMFA）

该种分类方法是 Daniels.P.L.等（2002）提出的一种分类方法，他根据有关国民经济核算中经济学分类框架，将 MFA 方法中的相关方法用 IMFA 来统一[113]。

与其他物质流分析方法考虑单一研究对象相比，该类方法关注的研究对象具有多元特点。一般来讲，无论是 SFA，还是 PMFA 都是以单一的研究对象来构建模型，比如重金属、生物能资源等。而 IMFA 由于是依据国民经济核算体系而拓展的，所以在研究对象上，几乎包含了国民经济核算常有的统计类别。

IMFA 的提出主要是在对现有的 MFA 分析方法进行总结的基础上，依据国民经济统计核算中的分类框架而提出的。Daniel 区分了总物质需求量和产出分析（Total Material Requirement And Output，TMRO）、国内批量流分析（Bulk Internal Flow MFA，MFA-BIF）、物理投入产出表（Physical Input-Output Tables，PIOT）。

---

43 系统排放的污染物由于存在负外部效应而具有外部性成本，因此具有负的经济价值。

44 相比于政策等非自然过程的分析和评价，资源再生能力应该属于自然过程。

通过 Eurostat（2001）提出的物质流统计核算的方法指导进行统计核算，用来反映国家或者区域经济的物质通量结构。从目前的应用情况来看，这些方法仅仅被当做统计工具来使用。

① TMRO 工具。这里所提到的 TMRO 工具主要是用来分析和评价系统物质通量的工具。该方法已经成为德国的世界资源研究所和气候、环境、能源研究所的通用方法，并具有成为物质流分析核心的潜力。该方法是定量分析国民经济系统与自然环境之间的物质流规模的工具，它基本属于自然物质流统计方法。在起初的研究中，并没有考虑物质平衡原理，主要侧重于分析环境投入到经济系统中的总物质需求量（TMRs），此后，根据物质平衡原理，对该方法进行了扩展，开始考虑经济系统对自然环境的物质流。

经济系统对自然环境的影响相对比较复杂。在度量经济系统对自然环境的影响的系列研究中，经济系统的物质通量经常被选作是适宜的度量指标之一。TMRO 方法就是以分析经济系统物质通量为特征。该法中所研究的物质流包括国内资源开采和投入，以及国内释放到环境中的物质流，还有与出口相关的物质流。对物质流统计核算，主要通过加总方式来进行。系统边界一般以行政区域边界。每年统计的物质种类，包括水资源、空气、可再生资源、不可再生资源、系统排放的废弃物等进行核算和评价。该法还考虑了诸如“隐藏流”或者“生态包袱”等物质流[45]。从某种角度上来讲，TMRO 方法仅仅是通过单一、具有代表性的指标来反映经济系统对环境的总影响。但是，这种单一的指标是否能够真实反映经济系统对自然环境的复杂影响，却应该进一步探讨。

② 国内批量流分析工具 MFA-BIF。该分析工具以物质平衡模型为分析基础。主要用来分析经济系统的物理基础，反映以物质流为基础的经济系统结构特征。在该模型中有三类物质流：系统投入物质流、系统产出物质流、系统积累的存量构成模型的基本组成部分。为了系统分析经济—环境系统边界的物质输入与输出关系，该方法在建立模型过程中，将物质平衡原理为建模的基本思想。该方法与 TMRO 方法具有较强的互补性。MFA-BIF 研究目的主要是说明 TMRO 方法中的“黑盒”，即通过确认和定量经济系统中子系统的物质流，来将“黑盒”内容明晰化。另外，该方法与 PIOT 分析方法也有一定的关系。与产业分类比较详细的 PIOT 分析方法相比，MFA-BIF 方法的产业分类比较模糊，但是与 TMRO 分析工具相比却又比较详细。三者之间按照产业分类详细程度排序是：TMRO＜MFA-BIF＜PIOT。

③ 物理投入产出表（PIOT）分析工具。该方法是度量经济系统内，或者经

---

45 隐藏流和生态包袱：hidden flow and ecological rucksacks，泛指停留在经济系统之外，没有经济价值的物质流。

济系统与自然环境之间的物质流方法。与传统的投入产出分析方法相比，该方法将自然资源投入和废弃物产生部门也纳入到分析框架中。PIOT 以了解自然资源如何进入经济系统、被加工、生产成商品、消费、废弃，进入自然环境的过程为核心。利用部门分类的国家投入产出统计，来区分不同种类的物质通量。这种方法与 MFA-BIF 方法相比，有了较大的进步。该方法可以提供不同生产部门/消费部门的物质通量数据。目前，仅在德国、丹麦建立了该方法为基础的物质通量统计，以该方法为基础的研究仍然比较少。

具体分析方法的比较见表 7.3。

表 7.3 代谢通量分析方法的比较

分类标准	物质流的类型和覆盖范围		
	单一物质	物质团	所有物质流
产品/企业	—	—	微观 MFA（LCA）
产业部门	—	—	中观 MFA（以产业部门为研究对象的 MFA）
区域/国家	局部宏观 MFA（SFA）	局部宏观 MFA（生物能等国家 MFA 分析）	宏观 MFA（TMRO，MFA-BIF）

第五节 物质流分析和价值流分析融合

一、物质流分析和价值流分析的融合与代谢通量分析的关系

从物质经济代谢模型 I 可知，代谢通量的核算和分析基本上是通过对经济系统的物质基础分析而进行的。从本章前面论述可知，循环的交换价值与线形的通量是基于不同角度对经济系统的描述。因此，我们不能忽视代谢通量与经济上的使用价值共同运动的客观事实。尽管由于各种技术性问题，使得环境资源的经济价值确定非常困难，但物质流分析和价值流分析的融合仍然应该是代谢通量分析的一个重要内容。主要原因是：

- 物质流分析与价值流分析是用不同单位测度经济规模分析。物质流是进

入经济系统物质流的物理单位核算和分析，而价值流分析是这些物质流所产生的价值量的核算和分析。物质流和价值流分析都属于物质经济代谢宏观层次的分析。

- 物质流和价值流的动态分析都属于对经济规模动态分析和规模预测。动态分析是在考虑时间因素的基础上，分析规模（代谢通量）的变化趋势或者规律。
- 物质流与价值流分析的融合主要考虑经济系统物理量与价值量之间的转换问题，从本质上看，仍然属于规模的研究范围。因此，本文所提到的物质流分析与价值流分析的融合，从实际研究内容看，主要表现为对单位转换问题的研究。

正是基于以上因素的考虑，本文考虑将物质流分析和价值流分析的融合作为物质经济代谢通量分析的重要内容。

二、物质流与价值流融合分析模型

物质流与价值流融合分析模型的主要思想来源于杜钦（Duchin，1992）的思想[116]。其模型的构建是基于物质流分析（MFA）和经济投入产出分析（IOA）工具。

投入产出分析是研究经济系统各部分（作为生产和消费的产业、行业、产品等）间表现为投入与产出的相互依存关系的经济数学分析方法。18 世纪魁奈的《经济表》是投入产出分析的最早思想渊源[84]。列昂惕夫根据瓦尔拉的一般均衡理论和模型，建立了投入产出模型。投入产出分析实质是用新古典学派的一般均衡理论，对经济活动之间的数量上的相互依赖关系，进行实证研究。投入产出分析从整体上体现了系统论的思想，采用平衡表和线性方程组，对一个时点上，经济系统各部分间的投入产出数量依存关系，以及一段时间的经济系统投入产出的变化发展过程进行分析[117]。

经济系统物理和经济结构变化的分析，可以应用经济投入产出的分析方法，建立联合分析框架。这个联合分析框架的基础就是物质平衡原理和经济投入产出分析。杜钦认为，在对物质流模型进行经济学扩展时，可以应用“列昂惕夫价格模型”来进行分析（Duchin，1992）[116]。但是在分析时，她并没有将物质平衡原理作为基本原则，所以她的思想可能更多的是将 LCA（但是她也并没有考虑整个产品的生命周期）与投入产出分析联合。Kytzia 等根据物质平衡原理，将杜钦的思想进一步应用到 MFA 中去，建立了分析模型。对于这种变化，杜钦认为建模思路不是投入产出模型本身的变化，它仍然是MFA模型的一种扩展。Kytzia等根据技术工艺等物理单位的数据来反映系统投入和产出的关系。这个模型主要可以反映系统的物质的投入和产出、资金投入和产出、价格的投入和产出。Kytzia等提出的模型核心还是 MFA，该模型不但可以分析经济系统的物理结构，还可以建立货币流的投入产出矩阵，以提供一些经济结构的指标值（列昂剔夫乘数）。Kytzia 等还利用这个模型进行了情境分析，他们通过改变系统产量和投入物的价格来进行计算，来反映对资源耗费、生产、收入、消费价格等因素的影响。

（一）物质平衡的静态模型（单一物质）

MFA 分析方法是基于物质平衡原理，应用数学方法对物质流网络过程的一种描述。由于这种分析是根据系统分析思想进行的，所以一些像静态或者动态的建模方法也经常被引入到 MFA 分析过程中。另外，关于模型的变量选择问题也是研究的热点问题。物质流与价值流融合模型的起点就是物质平衡的静态模型：

$$X_{\text{mass}}^{(r)}=(I-A_{\text{mass}}^{(r)})^{-1}\times Y_{\text{mass}}^{(r)} \tag{7.9}$$

其中，$X_{\text{mass}}^{(r)}$ 为物质流 r 的总投入（从自然环境或者其他经济系统，物理量单位）；I 为单位矩阵；$Y_{\text{mass}}^{(r)}$ 为物质流 r 的产出（到自然环境或者其他经济系统，物理量单位）；$A_{\text{mass}}^{(r)}$ 为物质流的转移系数（$a_{\text{mass}}^{(r)}$）矩阵，该系数代表了系统边界内的过程之间物质流的投入产出系数。

（二）投入产出分析

投入产出分析是经济学里面常用的经济分析工具。投入产出矩阵的核心模型代表了国民经济中在某一特定时期内不同部门之间的商品流。流的方向代表了系统的物理结构。通常使用货币单位来表示这些商品流。投入产出分析主要关注经济结构，一般不会涉及污染物的排放与资源的投入；即使在环境经济学中，污染物的排放和自然资源的投入也仅仅是这些模型的附带物。基本模型如下：

$$X_{\text{mon}}=(I-A_{\text{mon}})^{-1}\times Y_{\text{mon}} \tag{7.10}$$

$$E_{\text{phy}}=u_{\text{phys}}\times(I-A_{\text{mon}})^{-1}\times Y_{\text{mon}} \tag{7.11}$$

在这里，X_{mon} 代表了以货币单位的总投入；Y_{mon} 代表了以货币单位的产出（包括家庭需求，投资需求和出口到自然环境或者其他经济系统）；A_{mon} 代表了技术系数（a_{if}）矩阵，技术系数指的是系统边界内的投入产出比率；E_{phys} 代表了污染产出或者资源投入矩阵；u_{phys} 代表了污染产出系数矩阵或者资源利用系数矩阵；u_{kj} 代表了产业 j 的单位产出所产生污染量或者耗用的资源量。

（三）物质流与价值流融合分析

物质流与价值流的融合分析模型需要包括物质流和以货币单位表示的价值流信息。杜钦认为列昂惕夫静态投入产出模型框架中的价格模型是该类模型的基础。在价格模型中，产出价格、基本投入、基本投入的价格被引入下列的投入产出模型中。如果矩阵 A 被界定为物理单位的物质流矩阵（A_{mon} 被 $A_{mass}^{(r)}$ 替代）；物质流与货币流之间的关系可以被界定为如下方程，其中方程中的技术系数完全按照物理投入产出关系来确定：

$$wp_w = (I - A_{mass}^{(r)T})p \tag{7.12}$$

其中，p 为单位物质量产出的价格；w 为单位物质量产出的基本投入；p_w 为货币单位的基本物理量投入的价格矩阵；$A_{mass}^{(r)T}$ 调换了 A_{mon} 矩阵。

另外，方程可以被改写为物质流与价值流融合的模型：

$$E_{phys}^{(r)} = u_{phys}^{(r)} \times (I - A_{mass}^{(r)})^{-1} \times Y_{mass}^{(r)} \tag{7.13}$$

其中，$E_{phys}^{(r)}$ 为由物质 r 引起的污染产出或者资源投入矩阵；$u_{phys}^{(r)}$ 为污染或者资源耗用系数矩阵；每个组成元素，$u_{kj}^{(r)}$，代表了从 j 生产过程中产生单位物质量 r 产出，需要的 k 种污染物量或者资源投入量。

该模型暗含着下列假定：

- 投入系统所有的物质流 r，与产出的物质量 r 具有线性相关性。
- 所有以货币单位表示的产出与以货币单位表示的投入是线性相关的。当然这必须通过物理投入产出系数（系统边界内部的所有工艺过程中的物质流 r 的）来换算。

- 所有的污染物排放和资源的耗用都与系统物质的产出线性相关。这是根据物质平衡原理而提出的假定。

通过构建以上模型，经济系统所有与物质流和价值流相关的参数都得到了关注。模型中所涉及的参数包括：物质流、价值流、污染物、自然资源。从构建的模型中可知，经济系统所有的生产过程都被看做是一种技术性工艺过程，这些过程可以使用物理投入产出参数（也包括污染物的排放和自然资源的耗费）来描述生产函数。如果单单关注经济系统的价值流分析，很容易由于相对价格的变动而产生分析偏差。也正是这一点原因，才考虑将物质流与价值流的融合分析列为通量核算和分析的一个内容，这样可以降低单单使用价值流分析造成的偏差。

但是，投入产出分析与物质流分析融合也存在一些局限性。在进行投入产出分析时不可避免地要设定一些假定，如比例性假定，即系统投入与产出为线性函数关系。但是，在遇到经济系统中经济结构变动比较大情况下，使用静态线性投入产出模型（如列昂剔夫生产函数），对经济行为分析的合理性有待商榷。另外该模型仅仅可以应用于工业系统，而对类似服务业这样的产业，由于不存在直接的物理投入产出的关系，所以并不适合使用该模型来分析。最重要的一点是，必须考虑到物质流分析的最终目的还是为物质流管理和规划服务，而单一的投入产出分析工具并不能解决动态和优化的规划问题，因此，将系统动态分析方法与经济投入产出分析、物质流分析方法结合起来，可能对物质流管理和规划具有更实际的意义。

关于模型的具体参数的选择则是一个需要更加系统深入研究内容，本书将不再深入讨论。

第六节 区域代谢通量核算与分析的经验研究

一、国外的经验分析

有关通量的核算与分析最早可以追溯到 1968 年艾瑞斯和尼斯的文章。其后许多国家都开始了区域通量的核算和分析，其主要的方法是 MFA，而在 MFA 中，以 SFA 和 Bulk-MFA 两种分析方法最为常用。

Substance Flow Analysis（SFA），主要研究某种特定的物质流，如铁、铜、锌等对国民经济有着重要意义的物质流，砷、汞等对环境有较大危害的有毒有害物质流和钢铁、化工、林业等产业部门物质流。

另一种被称为 Bulk-MFA，主要研究国家经济系统的物质流入与流出。前者主要应用于 20 世纪 90 年代初，随着可持续发展意识的不断增强以及经济全球化步伐的加快，基于国家层面经济系统的 Bulk-MFA 方法在 20 世纪 90 年代中期开始逐渐成为研究和应用的主流。

20 世纪 90 年代，一些欧盟成员国和欧洲自由贸易联盟（European Free Trade Association，EFTA）成员国就将物质流统计列为国家统计体系的一部分（EUROSTAT，1997）。90 年代初，物质流分析方法曾经在：

- 奥地利（Steurer，1992；Fischer-Kowalski and Haberl，1993）；
- 日本（Environment Agency Japan，1992）；
- 美国（Rogich et al.，1992）；
- 德国（Schütz and Bringezu，1993）得到应用[140]。

在 1995 年由德国联邦统计局（German Federal Statistical Office）出版的《Integrated Environmental and Economic Accounting-Material and Energy Flow Accounts》一书中，第一次对一个国家经济系统进行了全面的物质流分析研究。随着经济的发展和环境的恶化，近年来许多发展中国家也开始致力于本国经济系统的物质流分析研究。除上述各国外，目前已经对本国经济系统进行过完整的物质流分析的国家有：

- 意大利（de Marco et al.，2001； Femia，2000）；
- 丹麦（Gravgaard Pedersen，2000）；
- 芬兰（Muukkonen，2000）；
- 瑞典（Isacsson et al.，2000）；
- 英国（Bringezu and Schütz，2001b； Schandl and Schulz，2000）；
- 法国（Chabannes，1998）；
- 捷克（Scasny et al.，2003）；
- 澳大利亚（Poldy and Foran，1999）等[119, 108]。

另外，还有波兰（Mündl et al.，1999）、匈牙利（Hammer and Hubacek，2002）等国。此外，得益于欧盟委员会的资助和欧洲一些科研机构的努力，巴西、委内瑞拉、玻利维亚和哥伦比亚等南美洲国家的物质流分析结果已经面世，泰国、老挝、越南和菲律宾等东南亚国家的物质流分析正在进行中。欧洲环境署（European Environment Agency，EEA）于 2001 年运用物质流分析方法对欧盟 15 国的物质流输入进行了统计分析，这是物质流分析方法第一次也是迄今为止唯一一次应用于区域经济系统（European Environment Agency，2001a；2001b）。2002 年欧盟统计局也发布了其所有成员国以及欧盟地区的物质流输入和消费统计结果（EUROSTAT，2002）[140]。

二、国内的经验分析

在国内，陈效逑等运用物质流分析方法对 1989—1996 年间输入我国经济系统的物质流进行了统计分析，计算上述年份的物质需求总量、物质消耗强度等指标。研究结果表明[120]：

- 我国经济发展的资源与生态环境代价是巨大的，1994 年物质需求总量是与我国国土面积大致相当的美国的 1.6 倍；
- 我国经济系统的运行主要依赖于国内的资源消耗，1994 年人均国内物质需求量是荷兰的 1.1 倍和日本的 1.5 倍；
- 我国的资源利用效率仍然很低，1994 年单位物质消耗量所创造的 GNP 仅为发达国家的 2%～6%（陈效逑，乔立佳，2000）。

2001 年，陈效逑等运用物质流分析方法对 1990—1996 年间输入我国经济系统的物质流进行了统计分析，研究结果表明：中国 TMR、DMI 和物质消耗强度随着社会经济的发展稳定增长。对 TMR 贡献比较大的因素有采矿、基础设施的土方挖掘、化石燃料及其隐藏流、土壤侵蚀、金属及其隐藏流和工业矿物质及其隐藏流（Chen and Qiao，2001）[121]。

2003 年，陈效逑等运用物质流分析方法，对 1985—1997 年间我国经济系统的物质输入与输出进行了研究[122]，结果表明：

- 固体和气体物质输入与输出总量呈相似的增长趋势，而自来水供应量和城市生活污水排放量之间遵循多项式的统计关系，因此，经济系统的物质输入量可以在一定程度上决定物质输出量，控制经济系统的资源投入量是减少污染物排放量的一种有效途径。
- 人均固体和气体物质输入与输出量也呈增长的趋势，其中，人均废气和固体废弃物的排放量增长迅速。此外，人均物质输入与输出量的年增长率明显大于同期人口的年增长率。由此可见，随着人口的增加，自然资源消耗在加速增长，而大气与土壤环境的污染在加速恶化。

徐一剑等以欧盟推荐的框架为基础，并根据区域物质流分析特点及贵阳市实际作了必要的改动。考察了贵阳市 2000 年物质流全景，及其 1978—2002 年资源投入、1996—2002 年污染排放的总量、结构、强度与人均规模的变化。分析结果表明，贵阳市现有的经济发展表现出强烈的“高资源投入，高污染排放”的特征，数量扩张粗放型线性经济模式趋向依然十分明显。转变传统增长方式，积极推动循环经济是实现贵阳市可持续发展的根本途径（徐一剑等，2004）[123]。

刘敬智等以德国 Wuppertal 气候能源环境研究所提出的物质流账户系统为基础，计算了 1990—2002 年中国经济系统的直接物质投入，并对其进行了减量化分析和国际比较。结果表明中国经济发展主要依赖自身资源的支撑；中国的人均直接物质投入量为英国的 1/5，荷兰的 1/9；中国的直接物质使用效率（单位直接物质投入创造的 GDP）也比发达国家低很多（刘敬智等，2004）[124]。丁一等对铁矿石生态包袱进行了计算分析[125]。

本章小结

循环的交换价值与线性的通量是相互依赖的一个整体，两者都是对经济系统的不同角度描述。因此，市场机制不能解决最优规模的问题。物质经济代谢通量模型和通量分析的目的是使我们从宏观上认识经济系统生态基础，物质经济代谢通量模型是基于经济系统的物质平衡原理，考虑经济系统的物质流动过程而建立起来的。我们把物质的投入（Input）界定为由于人类的作用进入经济系统的物质移动，而把物质产出（Output）界定为从经济系统流入生态域的物质流，物质经济代谢通量模型可表示为：

物质流入量=物质流出量+物质存量的净变化

或者 $M_s = M_o + W_F + W_A + M_C + M_T$

根据物质经济代谢通量模型，我们设定了三类指标：UDMI，DHF，Import，FHF，DPO，DHF，Export，FHF，NAS，来进行物质经济代谢通量的分析和核算。另外，考虑到再循环过程对物质经济代谢通量的影响，提出附加的指标来反映，这些指标有 MUT（产品重复利用次数）、MUE[物质利用效率（副产品）]、URRUP（投入侧废旧产品循环利用率）、RRUP（产出侧废旧产品再利用率）。这些指标及其衍生的分析指标可以用来分析物质经济代谢规模、强度；进行代谢的静态和动态比较分析；以及再循环过程对代谢通量规模和强度的影响分析。

物质流分析和价值流分析的融合是代谢通量分析的重要内容，物质流与价值流融合分析模型主要基于物质流分析（MFA）和经济投入产出分析（IOA）工具的融合。物质流与价值流的转换关系可以通过模型 $E_{\text{phys}}^{(r)} = u_{\text{phys}}^{(r)} \times (I - A_{\text{mass}}^{(r)})^{-1} \times Y_{\text{mass}}^{(r)}$ 来反映。物质流与价值流融合模型将系统动态分析方法与经济投入产出分析、物质流分析方法结合起来，对区域物质流管理和规划具有更实际的意义。

物质经济代谢通量的分析方法具有以下基本特点：使用代谢的视角分析经济系统的物质流；各种具体方法都可以分析和评价经济系统的生态规模；所有的分析方法都具有系统分析的思想；几乎所有的方法都以经济系统物质平衡原理为建模基础。主要分析方法有 MFA、TMRO 等。

第八章　物质经济代谢路径

物质经济代谢过程分析是物质经济代谢研究的微观分析层次。物质经济代谢过程是影响物质流的社会经济因素和生态因素作用的交叉点，因此，对该层次的分析和研究是引导循环经济从“循环”走向“经济”的关键。本章通过建立物质经济代谢模型Ⅱ——路径选择模型，来分析物质经济代谢过程的影响因素和影响结果。

第一节　物质经济代谢路径分析的理论基础

一、物质经济代谢路径选择过程与内生偏好

物质经济代谢微观分析是建立在微观主体的行为模型上的。显示偏好是基于对微观主体的行为而表现出来的偏好，它也适合对经济系统物质经济代谢路径选择过程的理解。显示偏好和偏好的内生性是物质经济代谢分析的理论基础之一。这里先来了解一下微观经济学中显示偏好的含义。

如果这里描述了微观主体面临的两类决策（X_1，X_2）和（Y_1，Y_2）。其中，（X_1，X_2）位于微观主体的预算约束线上，而（Y_1，Y_2）位于预算约束线下的任意位置。假定这里所提到的微观主体是追求效用最大化的。

只要微观主体愿意，（Y_1，Y_2）按照既定的预算约束肯定能够实现。由于（X_1，X_2）是最优的选择，所以它一定比微观主体能够实现的其他任何决策都要更合理些，具体来讲，就是一定比（Y_1，Y_2）更好些。预算约束下的任何决策点都是有能力实现的。

如果设定（X_1，X_2）是微观主体在预算 M 时按照价格（P_1，P_2）实现的决策选择。按照上述的价格和预算，对于该微观主体而言，（Y_1，Y_2）是有能力实现

的，它的含义就是（Y_1，Y_2）满足预算约束：

$$P_1Y_1+P_2Y_2\leqslant M$$

因为（X_1，X_2）是按照既定约束的决策，所以它一定满足等式形式的约束：

$$P_1X_1+P_2X_2=M$$

合并这两个方程，就可以得到：

$$P_1X_1+P_2X_2\geqslant P_1Y_1+P_2Y_2$$

如果这个不等式是满足的，而且（Y_1，Y_2）又确实是不同与（X_1，X_2）的决策，就可以说（X_1，X_2）是（Y_1，Y_2）的直接显示偏好。

从上述不等式可以看出，不等式的左边是微观主体按照价格（P_1，P_2）实际作出的选择。因此，显示偏好是按照某种预算实际作出的选择与按照这种预算能够作出的选择之间的关系。对于微观主体而言，更为实际的含义是（X_1，X_2）比（Y_1，Y_2）先被选择。当我们说（X_1，X_2）是（Y_1，Y_2）的显示偏好时，意思是说，（X_1，X_2）是在本可以选择（Y_1，Y_2）的决策时候微观主体作出的决策。因此，微观主体作出的选择一定比它们所能够做的选择更受偏好[126]。

显示偏好只表明在 Y 能被选择的情况下，所选择的是 X，而偏好则表示微观主体把 X 次序排在 Y 的前面。如果微观主体总是选择它能够选择的最优决策，显示偏好就意味着偏好，但这是行为模型分析的结果，不是给定的结果。在现实中，可以这样认为，如果我们观察到，在 A 可以选择的情况下，选择的却是 B，那么就可获得有关这两者之间的偏好的某种信息：对 B 的偏好要超过对 A 的偏好。

因此，基于微观主体行为的显示偏好形成过程，更能反映微观主体决策时的实际状态。这对于理解经济系统物质经济代谢路径选择过程也是有帮助的。虽然物质经济代谢路径有许多种，但在某一时刻微观经济主体的选择结果只有一种，而且在本可以选择 A 时偏偏选择 B。比如微观主体对再生资源与一次资源的选择，产品与废弃物量产出比例的选择，废弃物直接排放与再循环的选择等都有可能存在这种情况，究竟何种因素影响了微观主体的行为决策？回答这个问题，需要对这些选择过程进行充分理解，这也需要通过分析微观主体的行为和微观主体的显示偏好来获得。为了进一步理解物质经济代谢过程，本书这里首先要提出两个重要概念：

第一，关于物质经济代谢代理主体。物质经济代谢的本质含义是物质在经济系统的代谢过程是通过生产者和消费者等来完成的，因此经济系统的生产者和消费者可以界定为物质经济代谢的代理主体。

第二，关于最优物质经济代谢路径。虽然物质进入经济系统后可能会有多种的代谢路径，但是一定存在对生态域源、汇功能压力最小的代谢路径，这样的代谢路径可以界定为最优物质经济代谢路径。实现物质经济最优代谢路径是通过物质经济代谢的路径选择过程来进行的。这里所提到的最优代谢路径可以用帕累托最优准则来衡量，只不过这里所提到的帕累托最优准则是遵循生态域可持续性原则的背景下的帕累托最优。如果考虑到物质经济代谢路径选择过程是建立在代理主体的行为基础上的，很显然，根据物质经济代谢代理主体的偏好，代理主体的实际决策与能够选择决策之间的关系将直接会影响物质经济代谢路径选择的结果，也就是代理主体的显示偏好形成过程对结果具有决定性作用。

与物质代谢相比，物质经济代谢所体现的含义是物质经济代谢的代理主体行为主要受到价格机制的引导。如果考虑到显示偏好的形成过程，可以根据影响偏好的因素，将偏好分为内生性偏好和外生性偏好。Milton Friedman 将外生偏好看做是经济学区别于心理学和道德学的基本特征，他认为，心理学研究偏好的形成，道德学研究对偏好的评价，而经济学是研究不变偏好下的微观主体行为。如果据此观点，经济学对偏好的研究将仅限于对静态偏好的形式化表述，而且无论历史、文化如何存在差异，偏好也都是给定的。

然而事实上，微观主体偏好会随着制度、信息、技术等因素而出现内生性的变化，而这些因素的作用过程恰恰是显示偏好的形成过程。对物质经济代谢研究有重要意义的“偏好的内生性”是指偏好至少部分地是由后天形成或改变。这主要通过以下三种途径来表现：

第一，物质经济代谢过程中所产生的信息对于确定性偏好所定义于其上的选择空间和选择可行空间是必不可少的。例如，市场经济中所生产出来的投入资源集合构成了代理主体的选择空间。

第二，制度等的外在强制或者激励效应能够强化或弱化已有的偏好，最终导致偏好转移。例如，为倡导使用二次资源，政府制定相关的税收、补贴政策对代理主体选择行为的影响。

第三，代理主体自身的技术供给水平影响已有的偏好（技术创新对已有偏好的冲击）。例如，由于技术创新，可以导致已有的偏好转移。

偏好的内生性对于理解物质经济代谢过程具有重要的意义。物质经济代谢过程的分析，是建立在代理主体的行为分析基础上的。其中，价格因素是影响物质经济代谢过程的主要因素，但是由于环境资源的公共物品属性原因，还不能建立反映环境资源稀缺的价格机制，所以影响物质经济代谢过程的因素就变得复杂起来。在这些因素中，制度、技术和信息等因素也强烈影响了物质经济代谢过程。因此，影响物质经济代谢过程中代理主体的选择行为不仅仅是经济因素，还有其他重要的因素。本书认为物质经济代谢过程的分析必须强调将这些因素内生化来统一考虑物质经济代谢过程。

二、代谢工程与代谢路径分析

物质经济代谢路径选择分析的一个重要思想来源是代谢工程最新前沿研究成果。在分子生物学经典的定义中，代谢工程是指利用 DNA 重组技术对特定的生物化学反应进行修饰或引入新的反应以定向改进产物的生成或细胞的性质。这也是生物学中体内代谢过程的前沿研究领域。像其他工程科学一样，代谢工程也包括两个明确的步骤，即分析和合成过程。代谢工程的产生是与 DNA 技术重组的发展演变离不开的。例如，分子生物学中常有的新基因表达，内源酶的扩增，基因的缺失或酶活性的调节、转录等。可以说，代谢工程是分子生物学在技术上的体现。

在代谢工程这门学科出现之前，分子生物学的研究主要是从单个的酶生物反应来认识生物体内代谢过程。而代谢工程出现之后，这种情况发生了质的变化。代谢工程在研究方法上的一个重要的创新就是将视角从单个反应转移到系统整体的代谢路径和代谢网络；相比以前的代谢研究，代谢工程更关注完整的生物化学反应网络，包括其途径的合成和热力学可行性的问题，以及途径的通量分析和控制（Gregory N Stephanopoulos and Aristos A Aristidou，2004）[46]。因此，代谢工程将分析范式进行了转变，从这种意义上，代谢路径和代谢网络的提出极其重要，通过考虑反应的系统整体的结构和功能而不是单一的反应，可以大大增强对系统整体代谢和细胞功能的认识能力[127]。

如何认识和理解经济系统的物质经济代谢过程，是本部分重点要阐明的问题。基于对经济系统代谢过程的认识和理解，物质经济代谢过程本质上是一种体外代谢过程，它与自然生态系统的物质代谢过程一起共同组成生态经济大系统代谢过程。而代谢的系统分析方法仍然适用于物质经济代谢过程。本部分提出对物质经济代谢路径的分析思想，也正是在借鉴体内代谢过程的系统研究方法，特别是代谢工程中的系统整体分析思想，结合社会经济系统运行规律而开展的。

---

[46] Gregory N.Stephanopoulos, Aristos A. Aristidou, Jens Nielsen.代谢工程——原理与方法. 赵学明，白冬梅，等译. 北京：化学工业出版社, 2005.

三、资源降流理论：资源品质与利用时间的关系

从物质经济代谢基本模型中了解到，再循环过程对于最优经济规模具有重要的意义，它是物质经济代谢过程中的一个重要内容。从热力学第一定律和热力学第二定律看，物质是不能够 100%的再循环。但是，这并不代表再循环过程对于提高物质利用效率没有任何价值。针对如何认识资源的综合利用问题，斯肯和豪特在 1994 年提出了资源的降流理论工具来说明资源可持续利用问题（Sirkin T and Ten Houten M，1994）[150]。资源的降流理论（Cascading Theory）是达到资源可持续利用目标的重要思想。Cascading 这个英文单词的含义主要来描述河流的梯级降落流动结构：水从高处不断向低处流动，最终流到海洋中去。斯肯和豪特认为，一般来讲，资源的利用都具有这种降流结构，随着一步一步的对资源利用，资源的品质也逐渐下降。这种有次序的物质流利用系统称之为降流链（Cascading Chain）。资源品质与利用时间之间的概念模型见图 8.1 所示。随着资源利用时间增加，资源品质逐渐下降[129]。

资源降流理论对于物质经济代谢过程分析的重要意义是，现有的物质经济代谢路径具有潜在的技术改善空间；如果根据资源品质下降规律，进行技术创新，提高每一资源品质阶段资源利用效率，就可以充分发挥影响物质经济代谢过程的技术因素对微观主体的行为的影响，最终达到改善物质经济代谢网络的目的。

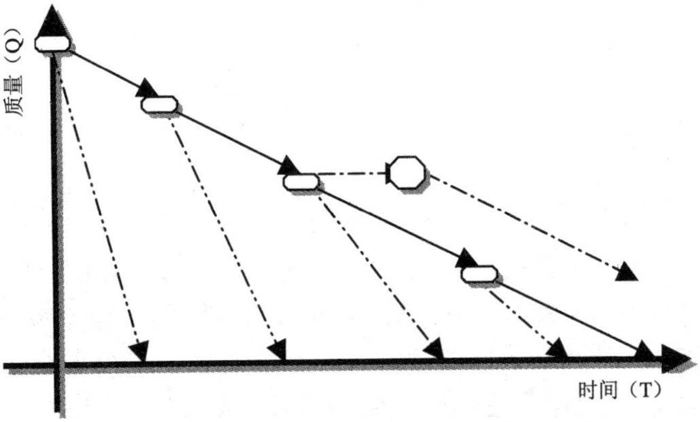

（资料来源：Sirkin T, Ten Houten M.1994.The cascade chain: a theory and tool for achieving resource sustainability with applications for product design. Resource Conservation and Recycling. 10:213-277）

图 8.1　资源质量与利用时间（次数）的概念联系

四、物质经济代谢路径选择过程的影响因素

经济因素（EFs）：相对价格（包括资源投入的价格、废弃物的排放成本等）对物质经济代谢路径选择的影响。

技术因素（TFs）：物质经济代谢代理主体的技术水平（包括能对投入和产出流的物理、化学性能以及物质流相互地理区位等因素施加影响的技术水平）对物质经济代谢路径选择的影响。技术因素充分考虑到资源利用的降流结构。

信息因素（IFs）：代理主体的信息禀赋（拥有一次资源、二次资源、副产品和废弃物处理处置的相关信息水平）对物质经济代谢路径选择的影响。

制度因素（PFs）：法律法规、政策（财政税收政策、投融资政策等）对代理主体的选择行为的影响。

组织结构因素（OFs）：代理主体所处的组织结构环境对代谢路径选择的影响（代谢环境中代理主体的选择行为的相互作用，对物质经济代谢路径选择的影响）。

第二节　网络环境分析方法理论：方法述评

网络分析是一种非常有用的分析工具，它可以使我们全面把握系统各部分之间的直接和间接联系。网络分析通常是基于对相互连接的网络之间的流通媒介的分析来进行的。也有不少学者将它应用于循环指数或者总流量、周转率以及不同组成部分之间联系的分析，有关这些方法的研究及其进展可以参考普拉特等学者的研究成果（Platt et al.，1981[130]；Ulanowicz and Platt，1991[131]；Wulff et al.，1989[132]；Higashi and Burns，1991[133]；Patten and Jørgensen，1996[134]）。

网络分析实质上是投入产出分析的一种应用。目前生态学中关于该领域的研究已经开展起来了。汉森第一个将投入产出分析应用于生态学领域，并测定了与生态系统直接和间接相联系的能量流规模（Hannon，1973）[135]。他还对网络分析方法理论的其他方面作了重要的贡献。例如，他提出网络分析可以用做调控手段来调控生态系统（Hannon，1979）[136]；将动态分析作为生态系统控制的一种方法（Hannon，1986）[137]。亨瑞·德琛也应用网络分析方法来分析生态系统和经济系统的能量强度（Herendeen，1981）[138]。他的贡献主要在于使用网络分析比较目标函数（Herendeen，1989；Brown and Herendeen，1996）[139-140]，例如能值

（Jørgensen and Mejer 1983；Jørgensen，1986）、优势（Ulanowicz，1980，1986）和 emergy（Odum，1983，1988）。勒文在 1977 年也发展了他自己的网络分析方法来计算层级的网络分配结构和分布。他的主要贡献是引入了动态的投入产出分析来确定一个成熟生态系统的影响和作用（Levine，1980，1988）[141-142]。值得注意的是，帕特和同事们提出的生态网络分析的一条主线，即环境分析（Environ Analysis）（Patten，1978，1982）[143]。帕特所发展的网络分析方法是本书中将要使用的一个重要研究方法。

帕特等是在深入研究扎德的数学运筹学理论的基础上（Zadeh and Desoer，1963）[143]，引入了子系统的概念，并提出一个子系统有两个不同的环境的观点，见图 8.2 和图 8.3。从图中可以看出，如果考虑时间因素，向前是投入环境，向后是产出环境。从理论上，这两个环境一般使用投入环境和产出环境来定量描述（Patten，1978）[143]。基于投入产出的二元特性，为了有效地分析由于投入而引起的产出，列昂惕夫—哈尼分析方法（Leontief-Hannon analysis）重新被学者重视起来。

从网络环境分析方法发展历史来看，该方法的理论基础是由帕特建立起来。帕特将运筹学理论应用到对生态系统的研究，并提出三个重要的思想[143]：

- 第一，系统内的任意一个对象都有两个环境，在系统的边界内，这两个环境可以被界定为“局部环境”。
- 第二，外在的环境对于内在因果关系具有关键的解释作用。即对象是镶嵌在周围的环境中的，同时，为了结构和功能上的完整，该对象是依赖于周围的环境的。如果考虑时间因素的话，随着时间的推移，过去的状态可以认为是目前状态函数的因变量。
- 第三，每个路径上的流都是单一的。

行为、结构和功能是网络环境分析方法的三个重要内容。所谓的行为是指一种能够观察到的活动，并且无论是由内部因素还是外部因素都可以定量测定行为的效应（Webster’s Dictionary，1961）。这种行为的界定非常适宜采用状态空间理论来分析[144]。这种理论提供一种数学框架来分析组分对投入的反应。在这种理论中，Z_t（投入环境）接受到状态 X_t 后，产生了新的状态 X_{t+1}，同时获得了产出 Y_{t+1}。这些描述可以使用状态空间理论中的两个基本函数来反映：状态传递函数（8.1）和反应函数（8.2）（Zadeh and Desoer，1963）。基本数学表达式为：

$$\phi : \hat{Z}_{[t0,t]} \times X_{[t0,t]} \to X_{[t0,t]} \tag{8.1}$$

$$\rho:\hat{Z}_{[t0,t]}\times X_{[t0,t]}\rightarrow Y_{[t0,t]} \tag{8.2}$$

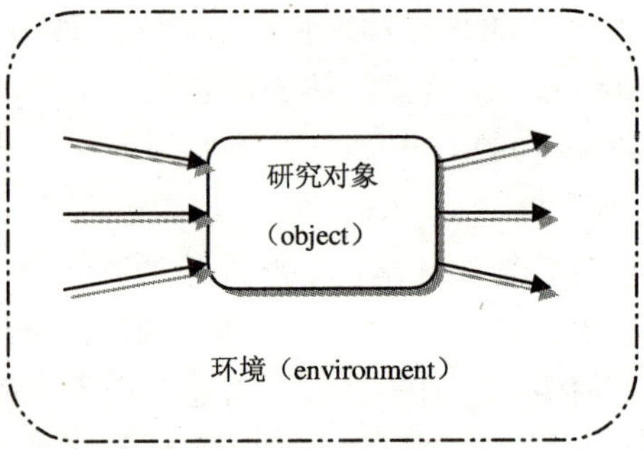

（资料来源：Patten BC. 1978. Systems approach to the concept of environment. Ohio Journal of Science. 78:206-222）

图 8.2　从系统分离出来的研究对象

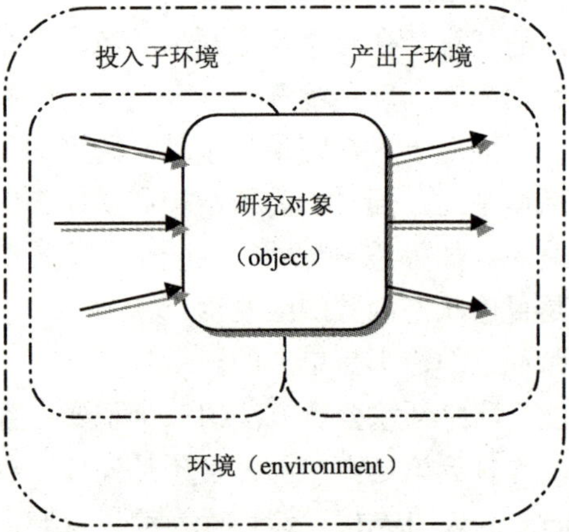

（资料来源：Patten BC. 1978. Systems approach to the concept of environment. Ohio Journal of Science. 78:206-222）

图 8.3　环境的投入、产出二元因素

网络环境分析与其他网络分析方法重要的区别在于以下几个方面：第一，环境（Environment）被看做投入和产出两个局部环境（Environs）。第二，可以使用网络中的路径结构来说明路径的数量。

网络分析可以应用于任何一个具有流量—存量特性的系统分析。根据系统的框架图，得出定量结构和功能图，从而为我们提供系统的结构和功能方面的信息。网络环境分析经常用于对生态系统的分析，其所涵盖的内容主要包括流分析、存量分析和效用分析三个组成部分。

网络分析与网络环境分析方法的比较如下：

- 网络分析的一个重要的优势就是，它在不将设定研究对象以外的其他组成移除的条件下，可以深入了解系统内部各组分之间的直接或者间接的相互依赖性或者联系的程度。这与传统分析方法具有重要的不同。
- 传统的研究方法是在抛弃或者假定研究对象以外的其他因素的不存在或者不变的情况下，而获得对研究对象分析和理解的。
- 网络环境主要是应用了整体论的系统分析方法，而获得了对生态系统或者经济系统的行为的理解。

从以上对网络环境分析方法的了解看，局部环境理论和分析代表了一种环境分析理论，这种环境分析理论所提到的系统具有一个重要的特征就是具有开放性。而现实世界更多的是以开放系统而存在的，所以该分析方法在未来的科学研究应该具有更宽广的未来。从目前的研究状况看，关于网络环境分析方法主要从以下三条研究主线来进行。

- 首先，方法本身的进一步研究；交叉学科的研究；直接应用到管理的幕景分析领域。关于第一条主线，主要从探讨和研究新的网络分析特点出发，因为现有的关于网络分析远没有获得足够的认识和理解。其中，网络环境分析方法中的存量分析仍然存在较多的分析空间，另外，就是关于投入环境的间接效应的分析。从目前的研究状况来看，间接效应的分析仅仅在产出环境分析中得到了应用。很自然的想法就是如何将投入产出这个二元环境的分析完善起来，还有一点就是关于对投入和产出组成的比较问题。
- 第二条主线就是跨学科分析。网络环境分析方法可以作为一个进行跨学科分析的桥梁。在经济学、生态学等领域，网络环境分析可以提供一个相对理想的分析框架和模型进行分析。以上两个均是理论研究领域。
- 第三条主线可以在应用领域获得机会。也即是如何是网络环境分析方法能够在实际中操作，特别是与决策工具的融合可能更实用。以便于能够为实际工作的人提供一个便利的管理工具。比如可以开发一些相关软件，这种软件的使用可以获得研究对象是如何连接的，行为的产生与系统的结构和功能有何联系。

第三节　物质经济代谢模型Ⅱ：路径选择模型

一、模型描述、模型结构与组成

本书将物质经济代谢过程看成是物质经济代谢代理主体（家庭、企业）选择行为决策过程，因而着重研究代理主体的选择行为，这与物质经济代谢分析理论的微观化趋势是一致的。

在经典的生产者理论中，生产活动需要资本和劳动力的投入。假设社会生产 i 种产品，这些产品可以是消费品也可以是投资品。消费增加当前福利，而投资增加资本存量，从而导致未来更高的消费水平。产出通过代理主体的生产函数得到。产品和服务的生产是经济活动过程的起始端。图 8.4 中表述的是产品生产或者服务提供所需的各种投入。虽然说经济活动的具体内容不尽相同，但是其中生产过程进行都需要资本、原料（自然资源）、能源、劳动的投入。代理主体 i 的生产函数可以表示为[24]：

$$Q_i = f_i(L_i, K_i) \tag{8.3}$$

式中，Q 代表产出，L 代表劳动力投入，K 代表资本投入。但是，如果经济系统物质平衡原理出发，上述描述并不能恰当地解释代理主体的生产过程。也可以从这样的角度考虑，如果 Q 本身就是一个具有物理特性的产品，那么整个生产函数应该包括物质成分，因此生产函数必然包括自然资源的投入。令 R 代表自然资源，生产函数就可以写为：

$$Q_i = f_i(L_i, K_i, R_i) \tag{8.4}$$

从前文的分析可知，物质经济代谢模型是基于生态经济大系统的视角来考虑物质经济代谢过程，所以在分析物质经济代谢过程时，必须要考虑到物质经济代谢基本模型中提到的生态域的源和汇的功能。本文根据帕特的网络环境分析方法的基本思想，提出将代理主体的选择行为从投入环境和产出环境两方面来考虑，因此，代理主体的决策函数可以得到下面的形式：

$$Q_i = f_i(g_{\text{input}_i}, h_{\text{output}_i}) \tag{8.5}$$

其中，投入环境与产出环境可以表示为：

$$g_{input_i} = g_i(L_{i1}, K_{i1}, R_{i1}[T_{i1}, P_{i1}]) \tag{8.6}$$

$$h_{output_i} = h_i(L_{i2}, K_{i2}, M_i[R_{i2}, P_{i2}, T_{i2}, I_{i2}]) \tag{8.7}$$

如果考虑到物质经济代谢环境中的代理主体的相互作用，（8.5）可以变为下面的形式：

$$Q_i = f_i(g_{input\,i}, h_{output\,i}, Q_1, \cdots, Q_{i-1}, Q_{i+1}, \cdots, Q_n) \tag{8.8}$$

将（8.6）和（8.7）代入（8.8），我们就可以得到下面的形式：

$$Q_i = f_i(g_i(L_{i1}, K_{i1}, R_{i1}[T_{i1}, P_{i1}]), h_i(L_{i2}, K_{i2}, M_i[R_{i2}, P_{i2}, T_{i2}, I_{i2}]), Q_1, \cdots, Q_{i-1}, Q_{i+1}, \cdots, Q_n) \tag{8.9}$$

如果给定 K 与 L 的话，公式（8.9）可以写为：

$$Q_i = f_i(g_i(R_{i1}[T_{i1}, P_{i1}]), h_i(M_i[R_{i2}, P_{i2}, T_{i2}, I_{i2}]), Q_1, ..., Q_{i-1}, Q_{i+1}, ..., Q_n)$$

如果再给定 T 和 I，可以分析政策对物质经济代谢过程的影响，公式（8.9）可以写为：

$$Q_i = f_i(g_i(R_{i1}[P_{i1}]), h_i(M_i[R_{i2}, P_{i2}]), Q_1, \cdots, Q_{i-1}, Q_{i+1}, \cdots, Q_n)$$

式中，M_i 是排放的废弃物流。T_{i1} 代表投入环境的技术水平，P_{i1} 代表投入水平的资源控制政策水平，T_{i2} 代表产出环境的技术水平，P_{i2} 代表产出环境的废弃物控制政策水平。I_{i2} 代表产出环境的信息供给水平。如果考虑投入和产出两个环境的话，代理主体的决策过程不但受到投入环境（g）的影响，还要受到产出环境（h）的影响。

物质经济代谢路径选择模型：

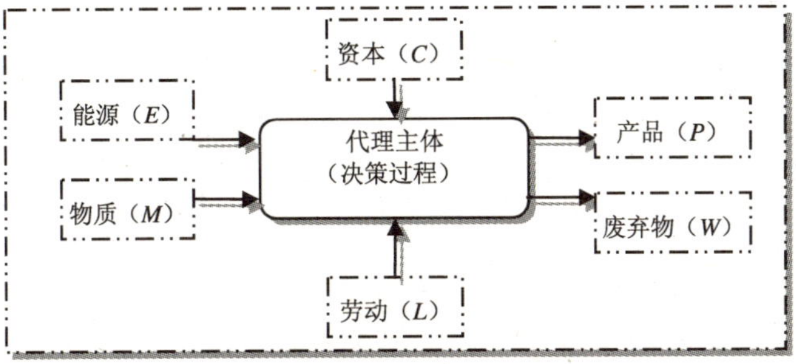

图 8.4　经济系统的代谢过程与物质流（a）

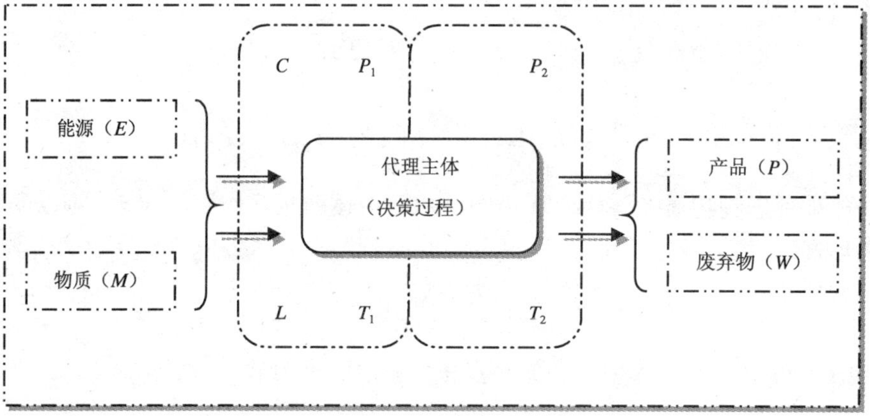

图 8.5 物质经济代谢决策与物质流（b）

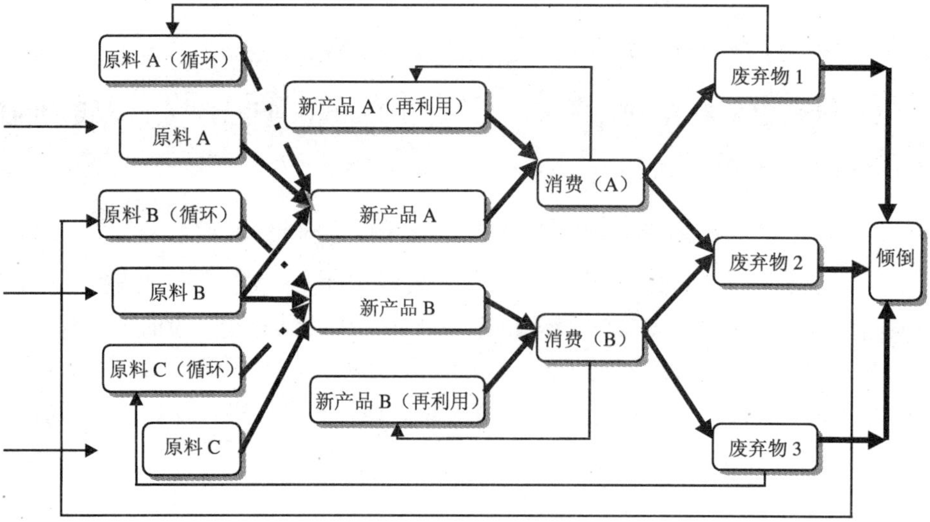

图 8.6 经济过程的原料—产品流动示意图（两种产品基本模型）

在投入环境中，影响因素为 L_{i1}、K_{i1}，以及 R_{i1}。其中，自然资源的投入会受到技术水平和资源控制政策水平的直接影响，从而会对投入环境产生间接影响。从社会经济历史发展过程来看，投入环境随着社会经济发展阶段不同而逐渐演化。在工业革命时期，依靠机器提高了劳动生产率，但是结果却是极大地耗费了自然资源存量。相对于资本和自然资源投入，劳动的投入比例逐渐减少。但是对此也有一些争议，原因是劳动凝聚了人类越来越多的智慧。由于资源和环境的压力的增大，生态域的源、汇功能受到了越来越大的威胁，而这种威胁也会逐渐体现或者影响到代理主体的选择行为，从而导致由代理主体决策影响的物质经济代谢过程产生路径选择。

另外，产出环境同样也会对代理主体决策行为产生愈来愈重要的影响。产出环境重要的影响因素就是废弃物流。从生产函数本身看，废弃物产生量直接与代理主体的决策相关。函数里面的废弃物流不但与投入低熵资源的投入，而且也与技术水平、信息水平、制度供给水平有着非常重要的联系，式（8.9）是考虑到环境资源的公共物品属性，将信息和制度等看做内生因素。

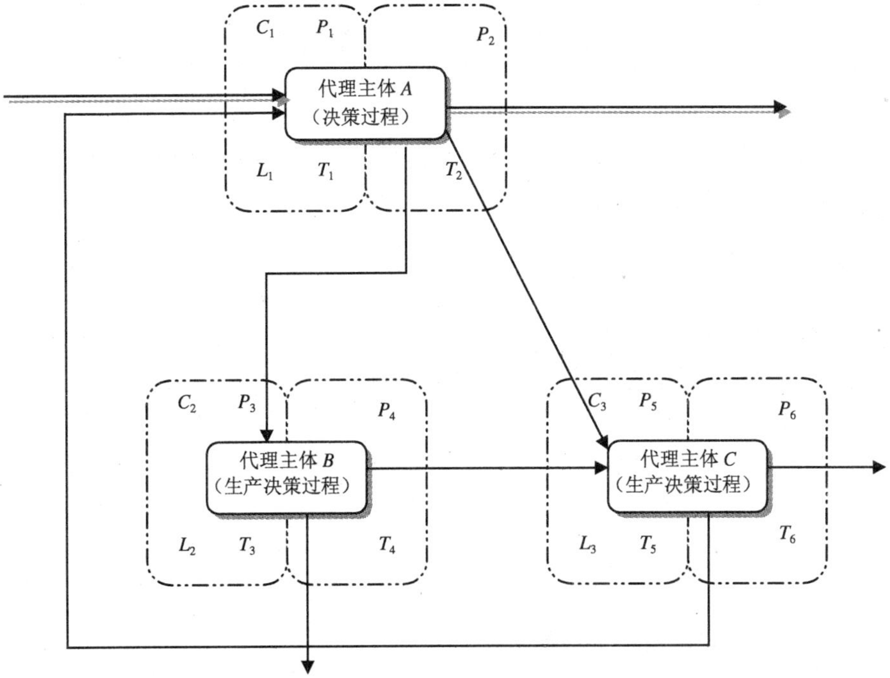

图 8.7 物质经济代谢路径选择模型（a）

从式（8.10）可以看出，代谢环境内微观代理主体的行为相互影响，其他代理主体的选择行为是 i 代理主体生产函数的内生变量。当单一代理主体被置于经济系统中时，影响代理主体决策的不但是投入和产出水平所提到的因素，而且与周围相关代理主体的决策行为有联系（图 8.7）。当经济系统面临生态域的源和汇的功能限制时，微观代理主体都有提高资源利用效率的外在动力，因此，在物质经济代谢过程中，代理主体的相互作用会占有重要的影响地位，而代理主体的选择行为为形成经济系统内部的物质流链接提供了潜能。正是这些潜能为 i 代理主体的物质经济代谢路径选择提供了内在动力。

二、物质经济代谢路径选择模型：经验分析

图 8.8 是关于汽车上的电池的使用的物质经济代谢路径选择模型分析图。该图展示了含铅电池的生产、消费和使用后处理的每一个过程。铅资源在经济系统的物质经济代谢过程与铅资源存量和含铅废弃物对环境的污染有着极其重要的关系。为了简化，在这里不考虑铅资源的存量问题。假定这里涉及两种电池，一种是铅电池，称之为非绿色电池，另一种是绿色电池。非绿色电池包含一个塑料包装和铅芯。而绿色电池是从环境友好性来考虑，也就是非绿色电池的环境友好型产品的替代品（为了简化，假定它仅仅含有塑料制品）。铅是由矿产冶炼企业提供，而塑料是由塑料化工企业来提供，而塑料化工企业所使用的原料是原油，这里再假定原油里含有微量的铅。

两种类型的电池都被消费。这里同时考虑到国内需求和国外需求。为了简化，假定绿色电池全部被国内需求。使用后的绿色电池，全部被消费者抛弃。同时再假定，非绿色电池在使用后主要有两种途径，第一是可能被收集重新再循环利用，第二是无法收集的就直接抛弃。再循环的铅可以直接供应非绿色电池的生产（企业之间的交易）。由于铅利用产生的环境污染主要有两个原因：一个是由于废弃铅资源的倾倒，另外一个原因是由于涉及铅生产过程中的铅污染。这里在给定资本、劳动力的投入以及信息和技术水平条件下，研究物质经济代谢过程。

相关的模型参数如下：f_1：开采的铅矿；f_2：国内消耗的铅；f_3：出口量；f_4：收集到的再利用量；f_5：倾倒的铅电池；f_6：再循环的铅；f_7：倾倒的再循环残留物；f_8：通过空气排放的铅量；f_9：原油资源；f_{10}：塑料铅电池的生产；f_{11}：绿色电池的生产；f_{12}：国内绿色电池的消费；f_{13}：倾倒的使用过的绿色电池；f_{14}：通过空气排放的绿色电池的铅量。根据克尼斯和埃瑞斯的经济系统物质平衡原理，可得出下列方程：

$$f_1 = f_2 + f_3 + f_8 - f_6 - f_{10} \tag{8.10}$$

$$f_5 = f_2 + f_{12} - f_4 - f_{13} \tag{8.11}$$

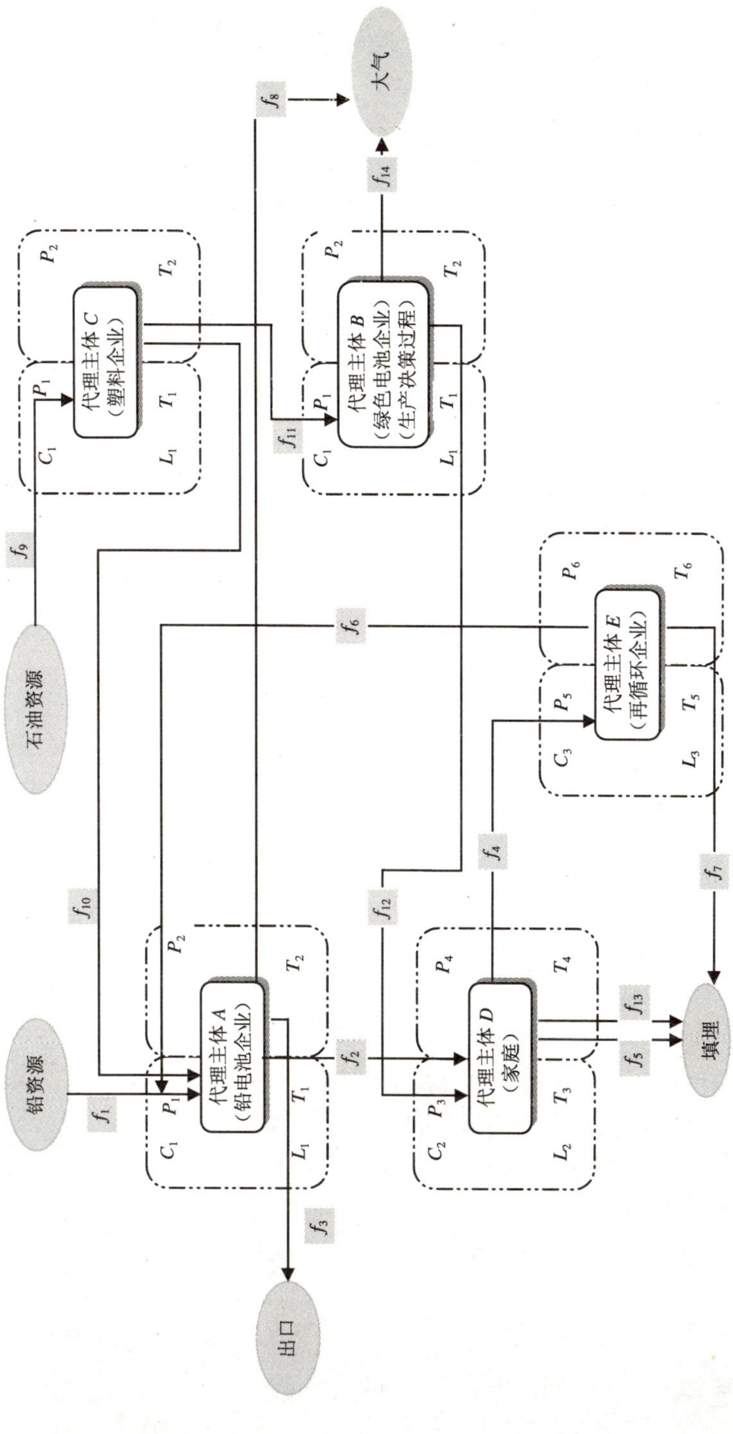

图 8.8 物质经济代谢路径选择模型——以铅资源利用为例

$$f_7 = f_4 - f_6 \tag{8.12}$$

$$f_9 = f_{10} + f_{11} \tag{8.13}$$

$$f_{11} = f_{12} + f_{14} \tag{8.14}$$

从图 8.8 中可以看出，在这个例子中涉及的资源环境问题主要有：第一，铅资源的耗竭；第二，空气污染；第三，固体废弃物的处置。针对这三个主要问题，循环经济政策目标显然应该关注于：

- 资源投入量的减少；
- 对排放到空气中的污染物的规制；
- 减少废弃物的处置量等三个方面。

首先分析非绿色电池的生产和消费，为了简化不考虑非绿色电池中的塑料的投入，仅仅是原料铅和循环铅。设定 X_i 为物质流 f_i 的经济解释，可以使用价格 P_i 简单表示。生产函数为：

$$(x_2 + x_3) = \gamma(x_1 + x_6)^{\alpha}, \gamma > 0, 0 < \alpha < 1 \tag{8.15}$$

α 代表了铅电池生产的规模参数。

γ 代表了铅电池生产的技术效率（units/kg）。

很明显，这里的生产函数一个重要的假定是原料铅和循环铅可以完全替代。由此，还可以知道，市场对于这两种投入的需求弹性是无穷大。相应地，它们所对应的价格 p_1=p_6。将生产函数转置为国内需求消费函数：

$$p_2 = \beta(x_2)^{\mu}(x_{12})^{\sigma}, \beta > 0, -1 < \mu < 0, -1 < \sigma < 0, \mu < \sigma \tag{8.16}$$

β 代表了铅电池消费的规模参数。

μ 代表了铅电池的消费弹性。

σ 代表了铅电池与绿色电池的交叉消费弹性。

为了简化，假定出口与总量是固定的比例：

$$x_3 = \pi(x_2 + x_3), 0 < \pi < 1 \tag{8.17}$$

π 代表出口占总量的比例。

再来分析绿色电池的生产和消费，假定塑料在这里是单一的投入。

$$x_{12} = \varepsilon(x_{11})^{\rho}, \varepsilon > 0, 0 < \rho < 1 \tag{8.18}$$

ε 代表了绿色电池生产的技术效率（units/kg）。

ρ 代表了绿色电池生产的规模参数。

$$p_{12} = \omega(x_{12})^{\xi}(x_2)^{\sigma}, \omega > 0, -1 < \xi < 0, \xi < \sigma \tag{8.19}$$

ω代表了绿色电池消费的规模参数。

ξ代表了绿色电池的消费弹性。

σ代表了铅电池与绿色电池的交叉消费弹性。

方程中的指数约束保证了绿色电池和非绿色电池的替代，同时交叉价格弹性小于单一价格弹性。

第三，再循环。假定再循环过程是由资源回收政策来确定的。那么用政策强制的收集率来体现这个资源回收政策水平。

$$x_4 = \lambda x_2, 0 \leqslant \lambda < 1 \tag{8.20}$$

λ代表了政府强制的废旧电池收集率。

回收利用的铅使用给定的技术水平来衡量回收利用水平。

$$x_6 = \delta x_4(1 - e^{-s}), \delta > 0, s > 0 \tag{8.21}$$

δ代表了铅电池中铅含量。

s 代表了技术再循环水平。

保留前面的假设条件，进一步分析将政策水平作为内生条件下铅的物质经济代谢路径选择。根据前文中所提到的三种主要资源环境问题，可以设定为三种物质经济代谢路径，即：

- 第一路径：减少起始流入路径的变化（资源投入）；
- 第二路径：逃逸空气中的变化；
- 第三路径：倾倒路径。

在资源与环境经济学中，很注意税收和补贴等经济手段对经济主体行为的影响，下面从三个方面具体分析经济手段对物质经济代谢路径选择过程的影响。

- 由于对一次资源投入征税和对使用绿色电池进行补贴促使物质经济代谢路径选择的影响。
- 由于对排放物征税对物质经济代谢路径选择的影响。
- 由于提高资源回收利用政策水平，即提高收集率和补贴对物质经济代谢路径选择的影响。

（1）由于对一次资源征税，直接导致了一次资源的价格增加，最终影响了代谢路径。原因主要有两点：

- 第一，价格的增加提高了非绿色电池的生产成本，而这高成本也会直接影响非绿色电池的销售。同时，绿色电池的替代也可以减少部分非绿色电池的销售。
- 第二，铅使用的减少另外一个原因是由于再循环过程。但是对一次资源征税，并不一定导致循环铅使用的增加。从表面上看，似乎这个论断很奇怪，但是仔细分析原因我们会得出这样的结论。首先，由于非绿色电池的收集率是一定的，因此销售减少也会影响收集的量。其次，在每次收集的非绿色电池中，铅回收的难度会越来越大，也就是说越来回收越昂贵。

影响代谢路径的另外一个重要影响因素是对消费绿色电池的补贴。补贴的作用是增加对绿色电池的需求量。然而补贴的效果可能会被逐渐升高的绿色电池价格的影响所抵消。因此，补贴的经济手段对于绿色电池的生产和消费活动相关的物质经济代谢过程有着何种影响，需视补贴与非绿色电池价格这两种因素对消费者需求函数影响程度而定。

（2）对排放物征税的直接后果是使得这条代谢路径中止或者趋于消失。主要原因有两点，第一，由于征税使得非绿色电池生产成本增加。第二，征税可能促使经济行为主体加大对污染控制的投资。还有两个重要的间接效应就是促使了绿色电池相关的物质经济代谢；以及由于非绿色电池销售量减少，排放的废弃物量也减少。

（3）再循环过程增加了物质经济代谢路径的多样性和复杂度。再循环是保证物质经济代谢路径多样性和复杂度的重要手段。在绿色电池和非绿色电池的生产和消费过程中影响再循环过程主要两种方式：电池收集率和废旧电池中的铅回收率等两种政府强制规定的政策。政府对收集率的规定等强制性政策是一种比较理想的效率手段。原因是收集率提高在保证了废弃电池收集来源的同时，并不会直接影响非绿色电池的销售，另外，由于再生利用的循环铅也可作为电池生产中新铅的替代，所以这也直接影响了对一次资源的需求水平。同时，政府强制规定的收集率也可以影响排放物的倾倒路径。由于收集率可以部分避免废弃物的倾倒，这就可能直接影响了倾倒路径物质经济代谢强度。

要达到收集率和回收率的提高，必须要影响政府对两者的决策，提高公众环境意识，提倡公众参与是影响政府资源环境决策行为的一条途径，至于如何影响政府的决策行为，本书在此不作深入讨论。

- 上述模型可以用来分析价格机制是如何影响微观经济主体的行为的，从而影响物质经济代谢路径的选择。

- 该模型可以揭示经济行为的复杂性，以及经济行为主体之间的直接或者间接联系，经济行为的结果即是物质经济代谢过程及其变化。
- 但是，这种模型的建立需要大量的信息，不但需要考虑参数的设立，还要考虑行为主体之间的物质流联系的合理性，而且大量的假定也不可避免。这些因素都可能会影响分析的可行性。

第四节　技术进步、信息供给、制度供给与路径替代、路径依赖

一、技术进步、信息供给、制度供给与路径替代

物质经济代谢过程的研究可以通过分析物质经济代谢路径来进行。我们知道，同一物质在经济系统中的利用模式并不是单一的，这就可能导致不同种代谢归宿。假如考虑到进入经济系统有各种各样的物质，这些物质经代谢路径组成了一个错综复杂的网络，称之为物质经济代谢网络。

由于经济系统的有限规模客观存在，社会经济系统会通过技术进步、信息供给、制度供给来改善已有代谢网络，这就可能会使代谢路径上发生不同物质之间的替代，而这种替代直接会导致已有物质经济代谢路径模式发生变化。这种现象称之为物质经济代谢路径替代现象。

代谢路径替代现象具有重要的经济持续发展涵义。第一，从理论角度看，如果可以定量分析和预测经济发展与物质需求的话，路径替代模式的选择对于减轻经济系统的生态约束具有一定的价值。第二，从长期来看，代谢路径的替代是部分解决或者延迟环境资源稀缺的一种重要方式，减少有毒物质和对不可更新资源的替代对于实现经济的持续发展具有关键的作用。

许多经济思想都比较关注路径替代的动力因素的分析和研究。在新古典范式中，认为要素替代（路径替代的一种情况）的内在动力是要素的相对价格。这在任何一本标准微观经济学的教材中都可以看到。在微观经济学模型中，正是等产量线[47]与等成本线[48]的协调移动才确定了物质与其他要素的替代情况。而物质需求的确定主要是通过物质替代的经济弹性的估计来实现的。这里讲的替代仅仅是

---

[47] 等产量线（isoquant curves）是由生产出同一产量的不同生产要素组合形成的曲线。

[48] 等成本线（isocost curves）既定的成本和既定生产要素价格条件下，生产者可以购买到的两种生产要素的各种不同数量组合的曲线。

一种短期的替代现象。虽然很多经济学者已经认识到了长期替代过程（Slade，1981；Berndt and Field，1981）现象的存在[145-146]，但是，在经济学研究中，他们仍然将重心放在短期的替代过程。

演化经济学的发展使人们对于生产、技术以及整个经济的认识发生了变化（Dosiand Nelson，1994； Tilton，1991）[147-148]。演化经济学理论并不同意传统经济学中将技术视为静态的企业理论，因为技术也是随着时间变化的。因此，演化经济学认为，替代背后的主要动力是由于等产量线的偏移——新技术创新的结果——而不是等成本线偏移的结果（Tilton，1991）[148]。

从循环经济研究的视角看，不但改变产品的物质组成和技术变化的效应重要，替代过程中的知识需求也很重要。高勒和温波格等在美国《科学》期刊发表的文章中认为，假定在未来的世界中没有稀缺的不可更新资源从技术上可能是可行的，目前需要解决的主要资源环境问题仍然是：如何利用再循环和替代手段管理物质使用模式趋向环境友好的模式（Goeller and Weinberg，1976）[149]。因此，经济学理论和方法是资源环境问题解决必须依赖的一条重要途径，因为它可以根据社会和经济模式以及替代的动因分析为制定资源环境政策提供理论基础（Daly，1990；Costanza，1991）[150-151]。

路径替代包括在投入环境的投入路径替代（Material-For-Material Substitution）和在产出环境的产出路径替代。投入路径替代可以是投入资源的种类发生了替代。产出环境替代包括污染物种类发生变化以及污染物的归宿发生变化。从可持续发展的角度讲，第一种替代效应更加明显，原因是：第一，从社会的长期发展来看，由于一些不可更新资源存量的有限性，社会对不可更新资源的依赖会越来越弱，可更新资源和那些非常充裕的不可更新资源将会被它逐渐替代。第二，对于一些不可更新资源来说，替代是不可能的，我们必须经济地利用它们，另外再循环也是一个不错的选择。第三，影响人类健康和生命安全的产品或者投入资源中的有毒物质需要被替换。虽然替代并不能完全解除经济发展资源环境“瓶颈”问题，但对于资源的可持续利用会产生有益的影响。

由前文论述的物质经济代谢路径选择模型可知，由于技术进步、信息供给、制度供给，可能会导致物质经济代谢路径替代现象，而路径替代现象产生的根本原因是由于经济系统有限规模的客观存在。从图 8.9 中，我们可以看出，不同的物质经济代谢路径组成了静态的物质经济代谢网络。如果考虑时间因素，物质经济代谢路径可能发生变化，也就是可能存在路径替代现象。而解释路径替代的影响因素可以从技术进步、信息供给、制度供给三个方面来分析。

（一）技术进步与路径替代。在索罗的经济增长理论中，技术变化是对生产函数的任何形式的变更的一种简略描述（Solow，1998），它是一种广义的概念。例如产量的增长、产量的衰减等，都属于技术变化的因素。如果将企业生产过程看做受投入和产出环境双重因素影响的话，技术不但要考虑产量和劳动生产率等方面的因素，还要考虑资源利用效率和废弃物处置效率的改进等方面的技术变化。本书所提出的物质经济代谢路径选择模型更加注重后者对生产函数形式的影响。我们知道，生态域的源和汇功能取决于资源通量水平和自然环境的承载力水平，而这两者又在很大程度上取决于经济系统所具有的低消耗生产技术能力。因为，只有当采取那些对自然资源和环境服务要求较低的新技术来取代自然资源密集型的旧技术成为可能时，经济结构的转换才能真正实现，同时那些旨在消除自然资源市场价格扭曲现象进而保护环境的政策才更有可能真正地发挥作用。

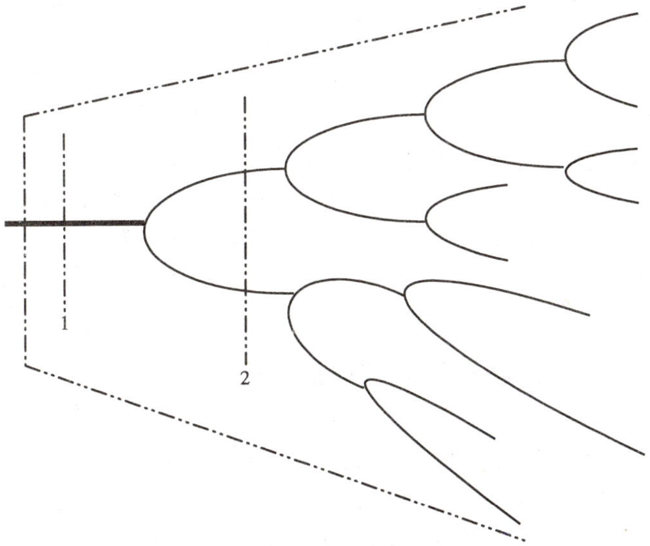

图 8.9　物质经济代谢路径演化图

虽然有限的经济系统规模是路径替代的根本原因，但是物质经济代谢代理主体实施技术进步的直接动因却是受了经济利益的驱使。因为技术进步的结果会产生由于采用新技术而实现的经济潜力，这对于代理主体具有降低生产成本和提高竞争力的诱惑。从物质经济代谢基本模型中我们可以看出，技术进步对物质经济代谢路径选择的影响主要体现在：由于技术进步对生产活动相关的资源投入种类、资源投入量、废弃物产生量、废弃物产生种类等因素产生的影响，这些影响会随着物质经济代谢代理主体的决策而导致资源在经济系统的代谢路径发生变化。例如非绿色电池与绿色电池生产的案例。

（二）制度供给与路径替代。物质经济代谢模型中，有限的经济系统规模是制度供给的理论依据。经济系统是具有生态限制的。随着社会经济的不断发展，这种生态限制作用会变得越发突出。政府基于此，会提供一些强制性的资源和环境政策来通过约束物质经济代谢代理主体的路径选择行为，来引导代理主体的路径选择行为结果。由于相关政策的约束，物质经济代谢代理主体通过选择行为来改变已有的代谢路径，并以此作为对政策的反应，这些代理主体与政府行为互动的结果表现为物质经济代谢的路径替代。

（三）信息供给与路径替代。将孤立的物质经济代谢代理主体置于由多个代理主体组成的物质经济代谢网络中，该代理主体产生的物质经济代谢过程会随着代理主体的信息禀赋的增加，发生路径替代现象。当然，这里所说的由于信息禀赋不同而形成的路径替代仍然是由于代理主体行为偏好显示的结果。而路径发生替代的必要条件是边际信息成本与边际生产成本之和应至多等于边际效益。不同的代理主体可以通过信息服务机构组织，建立相互之间的关系。考虑到代谢路径替代的趋向性（如公众偏好型或者政府偏好型），如果有专门的机构组织提供经济利益主体所需要的信息，可能会降低边际信息成本，可能这也是信息服务机构存在的必要条件。至于信息服务结构是以盈利还是非盈利的模式运行是一个需要深入探讨的问题。

二、物质经济代谢路径依赖的原因分析

毫无疑问，资源相对价格的变化对物质经济代谢路径替代过程有着重要的影响。但现实中仍有其他因素也在对替代过程产生影响。为了研究替代的时间和速度（是延迟，还是加速替代），有必要对相对价格以外的其他因素也进行关注。这里先了解一下经济学的演化思想。在经济学中，资源的利用是由生产的产品结构组成和所使用的技术结构和水平来决定的。产品性能的改进过程是通过一步一步地创新和抛弃原有产品的瑕疵而逐渐获得的（Silverberg，1990；Brouwer，1991；Dosi et al.，1994）[152-154]。从资源到产品的生产过程，不但是耗时活动，也是一种昂贵的研发活动（R&D）。因此，如果一个产品结构组成比例已经获得了成功，代理主体就会存在一种希望维持下去的内在动力。另外一个可观存在的因素就是，产品的结构组成反映了产品在结构和功能上的特殊性，如果发生替代，那也只能是一种局部（部分）替代。所以，任何一种不具备功能导向性的替代都会削

弱产品的原有性能。

我们把物质经济代谢代理主体维持产品组成或者技术使用的趋势的现象称之为物质经济代谢路径依赖（Path-Dependent）。路径依赖的含义是指，在持续的动态过程中，即使是微小的事件也会具有长期的影响，并且经济行为对它的作用很是有限（Antonelli，1997）。物质经济代谢过程中路径依赖现象说明了经济系统已有的物质经济代谢路径具有自我维持的能力，而这种能力直接造成了物质经济代谢路径持久不变，即使存在更好的其他物质经济代谢路径，这种情况仍然会存在（Lock-In Effect，锁定效应）[49]。针对物质经济代谢路径选择过程，主要有 5 种因素可以导致路径依赖。第一，技术优势。一般来讲，物质经济代谢代理主体对于已有产品具有丰富的经验来获得最好的产品性能。这种经验可以说是一种技术诀窍。但是，如果我们使用新的投入资源，那么这种优势将不复存在，同时会产生转换成本（Switching Cost）[50]，而这种转换成本具有不确定性。正是这种未知的转换成本限制了路径替代的发生。第二，共生网络的存在。由于经济系统专业化分工程度越来越高，不同的物质经济代谢代理主体承担起不同的功能，如投入资源的处理、生产半成品、生产最终商品等过程。这些代理主体就会组成一个合作的网络以降低物质经济代谢路径选择行为的风险。如果替代产生的效益相当小，那么代理主体就不会抛弃这种合作网络进而发生物质经济代谢路径替代。第三，代理主体再组合各种资本的费用昂贵。新资源的投入通常会发生昂贵的资本投资，以重新协调新的生产过程。另外，新的技术供给也需要资本投入和时间。因此这种投入环境的代谢路径替代与技术替代应该是相互伴随发生的。如果代理主体拥有的资本存量比较新，而且还有较高的耐用性，也并不是分期偿付的（年代效应，Vintage Effect）[51]，那么转换成本将会比较高。因此，如果投入资源的替代是必须的，那么经济上的利益必须有能力来引发这种路径替代。第四，产品质量变坏的风险。如前面所提到的，产品性能的下降将会是路径替代的重要障碍。因为新投入资源可以改变产品的质量，路径替代可能会危害到产品已有的成功。更进一步说，如果再退回到原来的生产过程，付出的成本也是昂贵的。因此，任何一个风险规避型的代理主

---

[49] 所谓锁定，是指由于各种原因导致从一个系统（可能是一种技术、产品）转换到另一个系统的转移成本高到转移不经济，从而使经济系统达到某个状态之后就很难退出，系统逐渐适应和强化这种状态，从而形成一种“选择优势”把系统锁定在这个均衡状态。要使系统从这个状态退出，转移到新的均衡状态，就要看系统的转移成本是否能够小于转移收益。

[50] “转换成本”（Switching Cost）的改变最早是由迈克·波特在 1980 年提出来的，转换（转移）成本，实际上是对路径依赖程度和锁定程度的衡量。

[51] 如果代理主体所拥有的新的资本、技术等所带来的优势，也即是 Jensen 等(2000)所提到的“年代效应”（vintage effect），那就要比其他代理主体从市场竞争中边干边学的“生存效应”（survival effect）的优势大一些。反过来，拥有年代效应的代理主体发生替代的转换成本就要大一点。

体都会规避这种风险，拒绝路径替代的发生。第五，波动的资源价格。如果考虑到两种不同投入资源的价格差异，也会存在一定的风险。

本章小结

物质经济代谢研究涉及了两方面的问题：第一是有多少物质进入了经济系统；第二是这些物质是如何流动的，也就是影响物质流动的因素和作用机理是什么。从代谢的视角看经济系统的物质流，第一个问题的研究看做是物质经济代谢规模问题的研究，第二个问题看做是物质经济代谢过程的研究。物质经济代谢规模体现了资源流（包括物质流和能量流）通过经济系统的规模。而物质经济代谢过程涉及了物质经济代谢路径的问题。

物质经济代谢过程可能会受到技术因素（TFs）、经济因素（EFs）、信息因素（IFs）、制度因素（PFs）、组织结构因素（OFs）等因素的影响，本章应用网络环境分析方法和代谢工程网络整体分析思想，将影响物质经济代谢代理主体选择行为的因素分为投入环境和产出环境，代理主体的生产函数可以变为以下形式：

$$Q_i = f_i(g_i(L_{i1}, K_{i1}, R_{i1}[T_{i1}, P_{i1}]), h_i(L_{i2}, K_{i2}, M_i[R_{i2}, P_{i2}, T_{i2}, I_{i2}]), Q_1, \cdots, Q_{i-1}, Q_{i+1}, \cdots, Q_n)$$

并以此，考虑代谢环境，通过建立物质经济代谢路径选择模型来分析物质经济代谢过程。

由于资源和环境的压力增大，生态域的源、汇功能受到了越来越大的威胁，而这种威胁也会逐渐体现或者影响到代理主体的选择行为，从而导致由代理主体决策影响的物质经济代谢过程产生路径选择。另外，产出环境同样也会对代理主体决策行为产生愈来愈重要的影响。产出环境重要的影响因素就是废弃物流。从代理主体的生产函数本身看，废弃物产生量直接与代理主体的决策相关。函数里面的废弃物流不但与投入低熵资源的投入，而且也与技术水平、信息水平、制度供给水平有着非常重要的联系。当单一代理主体被置于经济系统中时，影响代理主体决策的不但是投入和产出水平所提到的因素，而且与周围相关代理主体的决策行为有联系。当经济系统面临生态域的源和汇的功能限制时，微观代理主体都有提高资源利用效率的外在动力，因此，在物质经济代谢过程中，代理主体的相互作用会占有重要的影响地位。

由于经济系统的有限规模客观存在，社会经济系统会通过技术进步、信息供给、制度供给来改善已有代谢网络或者代谢路径，这就可能会使代谢路径上发生不同物质之间的替代，而这种替代直接会导致已有物质经济代谢路径变化。我们把这种现象称之为物质经济代谢路径替代现象。另外，由于转换成本以及风险等因素，即使在物质替代的价格上具有可行性，但是物质经济代谢代理主体还会有倾向维持已有物质经济代谢路径趋势的现象，称之为物质经济代谢的路径依赖现象。

第九章　物质经济代谢调控与管理

第一节　物质经济代谢调控与管理的理论基础和主要内容

代谢的扰动现象与代谢调控。物质在经济系统的代谢过程，即物质经济代谢过程是受到自然规律和经济规律双重作用的。在给定的技术水平、政策条件下，物质经济代谢路径组成了静态的物质经济代谢网络。如果考虑时间因素，技术、政策等因素的变化会影响物质经济代谢过程，我们把由技术和政策等因素造成对物质经济代谢过程的影响称之为扰动现象。在发生扰动的过程中，导致扰动的因素被称作是扰动因子，例如技术和政策。扰动现象的存在给我们进行物质经济代谢调控和管理提供了理论基础。

物质经济代谢调控与管理的目的。物质代谢在自然规律的作用下表现出它应有的物质代谢过程和代谢结果。物质经济代谢在自然规律和经济规律的作用下反映出物质流在经济系统的流动过程和流动结果。但是，这些结果有时候并不是我们所想要的。例如，资源在经济系统的无效率利用。当然，导致这种无效率的利用可能有多种原因，例如，可能是因为技术水平低下，导致资源利用率低，也可能是由于人类本身对资源稀缺性认识有限，认为无限的资源存量可以永远维持经济系统。虽然这些原因在给定的社会经济历史条件下具有一定的客观性，但是无论如何，这种无效率至少在现在看来并不是我们应该接受的。要想使物质经济代谢达到我们所希望的结果，就需要对物质经济代谢进行通量、路径管理和调控，这也就是本部分要重点探讨的内容：物质经济代谢绩效管理，它目的在于减少期望物质经济代谢与当前物质经济代谢之间的差距。

物质经济代谢的调控可以分为两个部分：通量的调控和路径的调控。物质经济代谢调控的主要内容如下。

宏观经济目标与通量调控。在以前的分析中提到，最优经济规模通常被认为是可持续发展相关经济学（当然也包括生态经济学）中的最基本的宏观经济目标，它应该与标准的宏观经济学所提到的宏观经济目标（低通货膨胀、充分就业和经济增长）一起列为区域宏观经济调控目标。最优经济规模的宏观经济目标的确定必须考虑经济规模与生态域的源、汇功能，也就是考虑生态可持续性。这需要借助宏观视角的通量调控来实现。

代谢路径调整引导与资源配置效率的改进。物质经济代谢微观层次分析就是研究不同的经济利益主体在给定的政策、技术环境下，是如何做出经济决策的，这种决策的表现即是物质经济代谢路径。从前文论述的物质经济代谢基本模型我们知道，由于经济最优规模的客观存在，不得不去调整物质经济代谢路径。虽然这样并不能解决生态域的源汇功能对经济系统规模的限制，但是通过改进资源配置效率水平，却可以实现在给定规模下获得最大的可持续净收益。因此，任何一种使资源效率提高的代谢路径调整都是对经济发展有益的。当然代谢路径的调控与管理要充分关注经济利益主体的经济决策过程。因为，物质经济代谢过程是通过经济利益主体的经济决策来实现的。因此，需要从如何诱导经济主体做出合理的经济决策的角度出发，通过合理的调控，来达到我们所需要的物质经济代谢路径。

第二节 物质经济代谢调控手段：市场还是政府？

循环经济既是实现人类经济可持续发展的一种经济模式，又是一种具体的经济形态。作为实现经济可持续发展的一种模式，循环经济本质上是一种生态经济，它以自然规律作为经济活动的框架基础。同时作为一种具体的经济形态，也同样需要有一种能够促进和支持这种运行模式实现的经济运行机制。物质经济代谢是在综合考虑自然规律和经济规律的基础上提出的，是循环经济的重要微观基础。

对稀缺性进行选择是经济学的基本问题，这种选择实质上就是资源配置问题。对社会资源进行有效配置是经济社会追求的目标。实现资源配置的手段并非是唯一的，计划和市场等手段在原则上都是可以利用的手段，但是不论哪种手段，至少都要求做到，既能尊重经济规律，保持经济的活力，又能最大限度地实现资源的合理配置。这是社会选择经济手段的一个重要尺度。实践表明，同其他手段相比，市场机制在满足这个两个条件方面有更多的优势。

一、市场机制与循环经济

市场机制是人类经济系统的一种运行机制，表面上看来是解决资源配置的一种手段，本质上则在于处理经济活动中人与人之间的经济关系，虽然理想的市场机制可以实现资源的最优利用，但是市场机制天生就不是为了解决人与自然之间的关系而出现的。

资源、环境问题的根源在于人类经济活动本身的不可持续性，这至少表现在以下两个方面：其一，经济系统内物质流动是线性的，即“自然资源—产品—环境废物”的流动过程，因此在这种经济模式下无论怎样地限制系统中物质的流量，最终还是要造成废物堆积、环境破坏和资源耗竭的；其二，以分散的个体决策为基础的自由市场机制，不能从整体的视野和长远的眼光来配置资源，而一个能维系环境永续不衰的经济—生态经济，需要人类从自然—社会经济大系统整体可持续发展的视野出发，来统筹人与自然、人与社会以及人与人（包括当代和未来）关系。

市场是在规定的生态界限内配置资源与分配收入的。虽然将经济活动的外部性内在化是调节资源配置，使相对社会成本与相对价格相等的好办法，但它不能够使市场确定最优经济规模。价格机制尽管重要，但却不是万能的。从生态角度看，在既定财富与收入分配格局下，市场价格能够调节现存人类将自然资源在不同用途之间的有效配置，但它在如何确定和调节经济—生态系统的物质、能量的适宜流量，以及资源在不同的人之间，尤其是代际之间的合理分配方面，却显得十分乏力。

市场是经济当事人之间相互关联的平台，而为了保证这种相互关联能在一种有序的，符合社会期望的方式下进行，需要有相应的制度保障。制度的关键功能在于增进秩序：它是一套行为和事件的模式，它具有系统性、非随机性，因此是可理解的。制度要有效能，总是隐含着某种对违规行为的惩罚或对符合行为的奖励。在一定程度上，可以说市场是利用市场机制实现资源配置的一种制度安排。这种制度安排既可以规定经济主体的行为规范，又可以为经济活动设定一定的边界。当我们试图把握复杂经济现象时，既要看到制度安排对于经济活动的重要作用。也要体会隐藏在复杂经济现象背后，推动经济运行发展的内在力量—经济规律的作用。现实中的市场机制实际上是制度力量与经济规律的复合体。因此，市场并不排斥政府通过一定的制度安排对市场经济运行进行引导和干预，相反，它会根据经济规律的内在要求，在制度限定的范围内发挥作用。我们可以通过适当的制度安排来调整或改变市场运行的机制，从而引导和改进经济运行和发展的模式。

另外，环境资源的公共物品，准公共物品特性在很大程度上限制了市场进行有效配置资源所必需的经济制度的供给。所以，在一定程度上，市场在资源、环境问题上“失灵”的主要原因可以归结为制度安排上的“缺位”，在这种情况下，政府的作用则是通过有选择性的制度安排来改变市场行为和运行模式，促进资源的有效配置，实现人与自然的协调发展。

二、物质经济代谢调控需要政府和市场手段相互协调

为了实现人类社会的可持续发展，循环经济的理念应该成为社会的核心理念贯穿到社会生活的各个方面，但如何把这种理念贯彻到实际的经济运行中去，使分散的经济主体的经济行为在市场机制的作用下促成社会目标的实现呢？我们知道，个人行为的最优或者有效率，并非一定能促成社会的最优或效率的实现。循环经济不仅是一种经济运行范式的革命，而且也是对价值标准和经济效率定义的革命。因此，为了社会的整体利益，需要建立一个能够体现这种要求的新的制度体系来引导和规范经济行为。这种制度体系既包括正式的制度如正式的法律法规和政策，也包括非正式的制度如行业规范、道德准则、价值观等。由于新的制度体系是基于对人与自然之间关系的协调而对人的行为进行规范，这种制度体系显然应该比现有的制度体系更加复杂和精细。

经济的运行和发展有其自身的规律，经济系统和自然生态系统一样，经过长期的演化发展，才成为今天这样一个具有复杂结构和复杂功能的动态系统，这虽然是人类有意识活动的结果，但没有任何组织或个人能够如此精妙地设计、组织和协调这些复杂的经济过程，亚当·斯密把这种力量称之为“一只看不见的手”。制度的安排只能规定经济活动的边界和行为准则，它不可能代替行为本身，更无法去规划每一个经济活动的细节。循环经济在保持经济单元之间原有的以增值为目的而形成的产品供求关系之外，为了促进经济系统内的物质循环利用，又要把基于技术上可行的，经济单元之间的副产品利用关系变成稳定性的经济关系。这种物质循环流动网络之复杂是难以想象的，除了借助于市场力量外，没有其他任何力量或权威能够促成这种复杂的链接关系的形成。

循环经济是经济运行的一种模式，它不是旨在改变经济运行的内在规律，而是通过一定的制度安排，规范和引导物质经济代谢的路径。因此，制度的存在，在于使人类在经济活动中意识到生态的限制，而市场的力量在于如何在这种限制

下更有效地利用资源，就像自然生态系统那样创造并构筑出一个能够促进物质和能量高效循环、流动，并能保持与自然生态系统协同演进的经济系统。

三、政府如何引导有利于资源循环利用的代理主体行为

尽管我们在理论上基本解决了资源环境问题的根本出路——走以循环经济为主要内容的生态经济之路，促进人与自然的协调发展，这是人类思想发展史上的一大进步，但是不管多么伟大的思想和理论构想，都需要考虑如何实施的问题。在物质经济代谢调控中政府的作用，一方面是建立和实施限制和规范代理主体的行为政策制度，另一方面就是通过制定激励性的政策手段来引导物质经济代谢过程向着可持续发展的目标发展。提供恰当的激励是一个基本的经济问题，市场机制的作用在于通过向代理主体提供持续的经济激励，来改变代理主体的行为方式和推动经济的不断向前发展。在市场经济中，激励是由价格、利润和产权向个人和厂商提供的。在现代市场经济中，利润向厂商提供生产人们所需要的商品的激励，工资向个人提供工作的激励。产权的激励作用尤其重要，可以促使人们最佳利用其所拥有的资源。

许多环境资源之所以得到不可持续的开发利用，一个重要原因是由于缺乏明确清晰的产权。由于市场一般不会对于没有产权的物品进行交易，使得稀缺的自然资源和诸如荒野、河流、空气等成为人人可以免费开采和使用的公共物品，这在一定程度上减轻了人们通过清洁生产、绿色消费和循环利用等措施节约资源、消除环境污染的激励。如果政府能够以适当的制度安排以建立或支持环境资源的产权，那么环境资源的开采和使用将不再免费。代理主体将会根据市场机制来决策物质经济代谢路径，从而使环境资源得到合理利用。

在现阶段各项保护环境和自然资源方面的经济、法律制度仍不完善，市场机制难以有效发挥作用的情况下，同利用传统生产技术和使用一次性资源的运营模式相比，调整物质经济代谢路径，开展资源的循环利用的行为一般会增加企业的运作成本，降低企业的市场竞争力。因此，政府应从社会整体利益出发，通过提供直接或间接性的经济激励手段，如对于废物利用和环境保护行为给予税收、补贴、贷款等方面的优惠，对资源开采和废物排放征收资源税、排污费和进行处罚等措施，提高再生资源（产品）的市场竞争力，从而引导和鼓励企业开展清洁生产和资源的循环利用行为。另外，政府还可以通过资助研发或直接参与的形式开发能够促进资源节约和循环利用的新技术、新材料和新能源等，为循环经济的顺利实施开辟道路。

为了促进物质和能量在区域和社会更大层面上的循环流动，政府可以利用市场机制在资源配置方面的优势，通过适当的制度安排或提供服务，为废弃物资的再生利用建立市场交易平台，例如建立再生资源的交易市场和信息网络。特别是政府可以遵循市场运行的法则，引导不同企业按照循环经济的原则，构建共享资源和互换副产品的产业共生组合。

本章小结

物质在经济系统的代谢过程，即物质经济代谢过程是受到自然规律和经济规律双重作用的。在给定的技术水平、政策条件下，物质经济代谢路径组成了静态的物质经济代谢网络。如果考虑时间因素，技术、政策等因素的变化会影响物质经济代谢过程。我们把由技术和政策等因素造成对物质经济代谢过程的影响称之为代谢扰动现象。

物质经济代谢的调控管理根据代谢扰动作用机理以及作用范围，可以分为代谢通量和代谢路径的调控。物质经济代谢调控的手段主要可以分为政府和市场两种方法。在调控过程中，应充分考虑环境资源公共物品属性，将政府与市场手段相互协调配合。

第十章　结论、政策含义与进一步研究的展望

第一节　结　论

从人类持续生存的角度讲，循环经济模式的出现是生存目的和实现手段互动的结果。循环经济理论的研究仍然是在结合新古典经济学，延续古典经济学和生态经济学所关注的问题，只不过是古典经济学假定的资源环境前提在现有的社会经济条件下已经不太适用了。

循环经济理论研究应该关注两个重要的问题：经济的最优规模和规模下的资源配置，两者具有内在的联系。规模的问题正是处在古典经济学和生态经济学的理论范畴中，而规模下的资源配置是处在新古典经济学的理论范畴中。而循环经济理论强调的是两者一定要同时考虑，因为从目的—手段序列看，具体子问题的解决一定要考虑其他子问题存在的客观性，最优规模的确定和资源配置效率的改进仍然是既相互独立又相互依赖的。这也正体现了循环经济模式作为生存目的和最终手段的互动结果的理论涵义。

循环经济问题可以分解为四个宏观调控目标，即资源通量的生态可持续速率、稀缺资源的效率分配、收入和财富的公平分配、道德水平的改善。循环经济理论研究的微观分析基础是自然规律和经济规律共同作用的物质经济代谢分析。在物质流分析考虑社会经济因素，从物质流的规模研究引向物质流流动过程研究，实际是把物质流分析从静态分析引向真正意义的动态分析。但是，这一问题的解决仅仅试图从物质流与价值流的简单叠加去获得预期设想，似乎是难以实现的，因此需要从物质经济代谢分析理解这一理论问题。

经济系统被看做是一个嵌入生态大系统的开放子系统，在稳定状态下，经济

系统与生态系统一样是一个远离热力学平衡耗散系统，整个经济过程通过劳动使原料和能量转化为最终产品和废物这样一系列的物质过程，并且也有着类似生态系统的物质的代谢过程。经济学与生物学具有某种相通性，可以作类比，因为经济学与生物科学一样都是使用逻辑思维来进行考虑问题的。本书从代谢角度考虑经济系统内的物质流动给循环经济理论框架中的物质流分析研究提供了新的研究视角。

本书提出在生态规律和经济规律等双重制约因素下，物质在经济系统的迁移、转化过程，称之为物质经济代谢（过程）。物质经济代谢过程与物质代谢过程共同组成生态经济大系统的代谢过程。与传统经济系统中利用效率较低的线性物质经济代谢相比较而言，循环经济中物质经济代谢过程更加突出物质循环及能量的梯级利用模式的流动路径的多样化模式。

物质经济代谢分析框架的理论涵义是将资源通量速率和稀缺资源的效率配置这两个宏观调控目标融入在同一个分析框架——物质经济代谢分析框架进行分析。循环经济的微观层次研究锁定为经济系统的物质流分析，而物质经济代谢研究是循环经济理论的微观分析基础。物质经济代谢的分析框架分为两个部分：物质经济代谢通量分析和物质经济代谢过程分析。物质经济代谢基本模型，物质经济代谢模型的通量模型，物质经济代谢模型的路径选择模型。

物质经济代谢通量模型和通量分析的目的是使我们从宏观上认识经济系统生态基础，物质经济代谢通量模型是基于经济系统的物质平衡原理，考虑经济系统的物质流动过程而建立起来的。物质经济代谢通量模型及其衍生的分析指标可以用来分析物质经济代谢规模、强度，进行代谢的静态和动态比较分析以及再循环过程对代谢通量规模和强度的影响分析。物质流分析和价值流分析的融合是代谢通量分析的重要内容。

物质经济代谢过程可能会受到技术因素（TFs）、经济因素（EFs）、信息因素（IFs）、制度因素（PFs）、组织结构因素（OFs）等因素的影响，本章应用网络环境分析方法和代谢工程网络整体分析思想，将影响物质经济代谢代理主体选择行为的因素分为投入环境和产出环境，代理主体的生产函数可以变为以下形式：

$$Q_i = f_i(g_i(L_{i1}, K_{i1}, R_{i1}[T_{i1}, P_{i1}]), h_i(L_{i2}, K_{i2}, M_i[R_{i2}, P_{i2}, T_{i2}, I_{i2}]), Q_1, \cdots, Q_{i-1}, Q_{i+1}, \cdots, Q_n)$$

并以此为基础，通过建立物质经济代谢路径选择模型来分析物质经济代谢过程。

由于资源和环境的压力的增大，生态域的源、汇功能受到了越来越大的威胁，而这种威胁也会逐渐体现或者影响到代理主体的选择行为，从而导致由代理主体决策影响的物质经济代谢过程产生路径选择。另外，产出环境同样也会对代理主体决策行为产生愈来愈重要的影响。产出环境重要的影响因素就是废弃物流。从代理主体的生产函数本身看，废弃物产生量直接与代理主体的决策相关。函数里面的废弃物流不但与低熵资源的投入，而且也与技术水平、信息水平、制度供给水平有着非常重要的联系。当单一代理主体被置于经济系统中时，影响代理主体决策的不但是投入和产出水平所提到的因素，而且与周围相关代理主体的决策行为有联系。当经济系统面临生态域的源和汇的功能限制时，微观代理主体都有提高资源利用效率的外在动力，因此，在物质经济代谢过程中，代理主体的相互作用会占有重要的影响地位。由于经济系统的有限规模客观存在，社会经济系统会通过技术进步、信息供给、制度供给来改善已有代谢网络，这就可能会使代谢路径上发生不同物质之间的替代，而这种替代直接会导致已有物质经济代谢路径变化。我们把这种现象称之为物质经济代谢路径替代现象。另外，由于转换成本以及风险等因素，即使在物质替代的价格上具有可行性，但是物质经济代谢代理主体还会有倾向维持已有物质经济代谢路径趋势的现象，称之为物质经济代谢的路径依赖现象。

如果考虑时间因素，技术、政策等因素的变化会影响物质经济代谢过程。我们把由技术和政策等因素造成对物质经济代谢过程的影响称之为代谢扰动现象。物质经济代谢的调控管理根据代谢扰动作用机理以及作用范围，可以分为代谢通量和代谢路径的调控。物质经济代谢调控的手段主要可以分为政府和市场两种方法。在调控过程中，应充分考虑环境资源公共物品属性，将政府与市场手段相互协调配合。

第二节　政策含义

（一）最优规模的调控与宏观经济调控目标的调整。虽然经济发展仍然是宏观调控的重要任务，但是应该注意经济发展的资源环境基础，通量调控应该列为宏观经济管理的目标之一；政府应该直接组织区域（国家层次、省级层次）的代谢通量核算和分析，结合区域环境资源承载力，实施代谢通量宏观管理和调控。

（二）充分关注物质经济代谢路径选择行为的影响因素。第一，加强改变资源利用效率低的物质经济代谢路径的技术供给。通过提供优惠投融资政策，构建优良的技术创新机制，加强对资源梯级利用链条中关键技术的研发。从完善法律法规，经济激励等创新环境，建立包括政府、企业、科研结构协同的资源综合利用技术创新机制，尤其要引导物质经济代谢代理主体的技术自主创新内在动力的释放。第二，充分考虑环境资源的公共物品属性，制定能够基本反映稀缺状况的资源价格形成机制，同时，利用强制性政策和激励性的经济政策，加强对微观行为主体的规范和引导作用，使得物质经济代谢代理主体选择有利于缓解资源和环境压力的代谢路径。第三，通过政府和咨询服务组织的作用，加强对物质经济代谢代理主体的信息供给，影响物质经济代谢路径。特别是组建能够影响区域物质经济代谢路径的由各方利益主体参与的咨询服务组织。

（三）由于代谢路径替代与代谢路径依赖现象，在制定相关政策时如果仅仅考虑经济因素，可能会导致政策效率低下甚至无效，因此在制定政策过程中应充分考虑到代谢路径替代和代谢路径依赖现象是否存在，并剖析相关的影响因素，以避免代谢路径依赖现象对政策效果的不利影响。

（四）在实施物质经济代谢调控时，应充分利用市场与政府作用特点，协调两者的作用范围，使两者形成互补优势。政府应从社会整体利益出发，通过提供直接或间接性的经济激励手段，如对于资源综合行为给予税收、补贴、贷款等方面的优惠，提高资源开采资源税额，加强对废物排放排污费和进行处罚等措施，提高再生资源（产品）的市场竞争力，从而引导和鼓励企业开展清洁生产和资源综合利用行为。另外，政府还可以通过资助研发或直接参与的形式开发能够促进资源节约和循环利用的新技术、新材料和新能源等，为改变物质经济代谢路径提供技术支撑。

第三节　进一步研究的展望与应用领域

虽然本书对物质经济代谢的基本理论和方法进行了阐述，但是由于物质经济代谢研究是一个比较新的研究领域，因此许多对物质经济代谢的认识还需要继续完善和发展，也需要更多的基础研究和应用来对该领域进行深入理解，特别是将物质经济代谢理论结合我国国情，对以下理论问题的研究，仍需深入探讨。

(1)物质经济代谢路径选择过程的理解和认识，可以从以下方面开展：① 影响物质经济代谢路径选择过程的因素不但种类繁多，而且各自的影响强度或者贡献的权重也不同。在本书提出的路径选择模型中，重点分析了制度对物质经济代谢过程的影响，但对于信息供给、技术创新这两种因素对路径选择过程的影响并没有进行深入的探讨和经验研究。原因是本文论述的重点侧重于对循环经济理论的思考和物质经济代谢概念、物质经济代谢分析框架的介绍。因此在下一步的工作中，通过经验研究，分析信息供给、技术创新对代理主体的偏好影响，继而讨论如何影响物质经济代谢路径。② 另外一个需要深入探讨的问题是，在影响物质经济代谢过程的因素中是否存在着制约因子。物质经济代谢过程是一个多因素控制的复杂过程。但不同的因素对于代理主体的决策的影响程度也可能是不同的。确定物质经济代谢过程的制约因子对于制定合理和高效的物质经济代谢调控政策尤其重要。因此，在下一步的研究中应该重点关注此问题。

物质经济代谢理论与分析工具可能的实践领域有：

① 区域、行业资源综合利用战略和规划的工具。目前中国正准备出台循环经济法律，区域循环经济规划和行业循环经济规划是其中一个重要内容。物质经济代谢理论和方法可以作为区域循环经济规划和行业循环经济规划的重要分析工具。在规划制定过程中，可以采取物质经济代谢理论和分析方法，在区域或者行业物质经济代谢进行调控的基本目标下，重点考虑从区域或者行业等角度，建立区域物质经济代谢模型和行业典型资源物质经济代谢模型，分析和评价物质经济代谢通量和物质经济代谢路径的现状，找出问题，然后建立物质经济代谢路径选择模型，分析、评价、调整物质经济代谢的体制和机制障碍，为提出循环经济发展战略方向、规划内容和保障措施提供重要的理论基础。

例如，我国橡胶行业的物质经济代谢分析与调控管理。橡胶资源是重要的战略资源，废旧轮胎资源综合利用是我国循环经济实践的一个重要内容，因此对橡胶行业资源综合利用不但关系循环经济发展，也关系到我国资源安全问题。依据物质经济代谢理论和分析方法，第一，我们首先建立橡胶资源物质经济代谢模型，认识对我国橡胶资源物质经济代谢过程。第二，建立物质经济代谢通量模型，分析我国橡胶资源利用规模现状和变化趋势，同时分析废旧轮胎资源综合利用对橡胶资源利用总量的影响。第三，建立橡胶资源物质经济代谢路径选择模型，分析目前我国橡胶资源利用中存在代谢路径不合理问题，并从制度、技术等问题并剖析产生这种代谢路径不合理问题的原因。第四，研究废旧轮胎资源物质经济代谢路径调控与管理模式和政策。

② 循环经济政策分析和评价的工具。为促进区域循环经济发展，目前各地正在出台循环经济政策，但是循环经济政策的实施效果不一，如何系统分析评价区域循环经济政策，并反馈到循环经济政策制定过程中去，是循环经济研究和实践的一个重要内容。针对这个问题，可以采用物质经济代谢理论和分析方法。物质经济代谢理论和分析方法一个典型特点就是该方法融入了制度因素对物质经济代谢过程的影响。依据该理论，我们可以建立基于动态反馈的区域物质经济代谢

模型，将制度因素内生化，定性或者定量考虑循环经济政策实施前后对区域物质经济过程的影响机制和变化程度，在此基础上对区域循环经济政策的调整提供思路和方向。

其他的应用领域有：

（2）我国物质经济代谢调控管理的手段和模式。

（3）区域循环经济的发展模式识别与选择。

（4）静脉产业成长的促进政策。

（5）循环经济的咨询服务组织的运行机制。

（6）循环经济技术创新与扩散的政策环境。

（7）循环经济的体制和机制创新研究。

参考文献

[1] Boulding K. The economics of the coming spaceship Earth. In Environmental quality in a growing economy，edited by K. Boulding and H. Jarrett [M]. Baltimore: Johns Hopkins Press，1966.

[2] Ayres RU，Simonis UE.Industrial Metabolism: Restructuring for Sustainable Development [M]. Tokyo ：United Nations University Press，1994.

[3] Fischer-Kowalski M. Society's metabolism: The intellectual history of material flows analysis，Part 1: 1860–1970[J]. Journal of Industrial Ecology，1998，2（1）: 61-78.

[4] Fischer-Kowalski M，W Hüttler. Society's metabolism: The intellectual history of materials flow analysis，Part Ⅱ: 1970–1998[J]. Journal of Industrial Ecology，1999，4: 107-136.

[5] Anderberg S. Industrial metabolism and the linkages between economics，ethics and the environment [J]. Ecological Economics，1998，24，2:311-320.

[6] Bringezu S. Material flow analysis—an overview. 2000a.SCOPE workshop. Material Flow Analysis for Sustainable Resource Management. Wuppertal.

[7] Ayres RU，Kneese AV. Production，Consumption and Externalities [J]. American Economic Review，1969，59（3）: 282-296.

[8] Leontief W. Input–output economics[M]. New York :Oxford University Press，1966.

[9] PerringsC. Economy and Environment: A Theoretical Essay on the Interdependence of Economic and Environmental Systems[M]. Cambridge :Cambridge University Press，1987.

[10] Victor PA. Pollution: Economy and Environment[M]. London:George Allen & Unwin，1972.

[11] Faber，M.，Proops，J. Evolution，Time，Production and the Environment； Third， Revised and Enlarged Edition[M]. Berlin :Springer，1997.

[12] Ayres RU. Industrial metabolism //Ausubel， Sladovich， Technology and Environment[M]. Washington DC:National Academy Press，1989.

[13] Keoleian G，Blanchard S，Reppe P. Life cycle energy，costs，and strategies for improving a residential house [J]. Industrial Ecology，2000，4（2）:135-156.

[14] Hendrickson C，et al. Economic input–output models for environmental life cycle assessment [J]. Environmental Science and Technology IHA，1999，32（7）:184-191.

[15] Faist M，Kytzia S，Baccini P. The impact of household food consumption on resource and energy management [J]. International Journal of Environment and Pollution，2001，15

（2）:183-199.

[16] Duchin F. Structural economics: measuring change in technology，lifestyles，and the environment [M]. Washington（DC）: Island Press， 1998.

[17] 陆钟武. 关于钢铁工业废钢资源的基础研究[J]. 金属学报，2000，36（7）：728-734.

[18] 段宁. 城市物质代谢及其调控[J]. 环境科学研究，2004，5:75-77.

[19] 段宁，等. 中国生态工业模式和方法研究报告[M]. 北京：中国环境科学研究院，2003.

[20] 段宁. 清洁生产、生态工业和循环经济[J]. 环境科学研究，2001，6:65-78.

[21] Bailey JE. Towards a science of metabolic engineering[J]. Science， 1991，252：1668-1674.

[22] Gregory N. Stephanopoulos，Aristos A. Aristidou， Jens Nielsen.代谢工程——原理与方法.赵学明，白冬梅，等，译. 北京：化学工业出版社，2005.

[23] Brian D. Fath and Bernard C. Patten. Network Environ Analysis. Ecosystems[J]，1999，2：167-179.

[24] 罗杰・珀曼. 自然资源与环境经济学第二版. 侯元兆，等，译. 北京：中国经济出版社，2002.

[25] Herman E.Daly. Steady-State Economics[M]. Washington，D.C. :Island Press，1991，39-40.

[26] 赫尔曼·戴利，肯尼斯·杨森. 珍惜地球—经济学生态学伦理学. 马杰，等. 译. 北京：商务印书馆，2001.

[27] 罗伯特・M. 索罗. 经济增长因素分析[M]. 北京：商务印书馆，1998.

[28] Helmut Haberl et al.Progress towards Sustainability? [J].Land Use Poliy，2004，21，199-213.

[29] Tomas Kaberger a，Bengt Mansson. Entropy and economic processes — physics perspectives [J].Ecological Economics，2001，36:165-179.

[30] R.U. Ayres. The second law，the fourth law，recycling and limits to growth [J]. Ecological Economics，1999，29（3）：473-483.

[31] 赫尔曼・E. 戴利. 可持续增长：一个不可能的定理[J]. 国际社会发展杂志，1990，3/4:45-47.

[32] Brundtland，G.H.，et al. Our conmmon future: report of the world commission on Environment and Development[M].Oxford: Oxford Unvirsity Press，1987.

[33] Boulding，K. E. “Economics as an Ecological Science”. In Economics as a Science[M]. New York: McGraw-Hill.1970.

[34] Costanza R. What is ecological economics? [J]. Ecological Economics，1989，1（1）: 1-7.

[35] 布朗.生态经济：有利于地球的经济构想[M]. 北京：东方出版社，2002.

[36] Costanza R，King J. The first decade of ecological economics（tenth anniversary survey article）[J]. Ecological Economics，1999，28: 1-9.

[37] 徐中民，张志强，程国栋. 当代生态经济的综合研究综述[J]. 地球科学进展.2000， 15

（6）:687-694.

[38] Costanza. Ecological Economics：The Science and Management of Sustainability[M]. Columbia:Columbia University Press.1992.

[39] Odum H. T. Environment Accounting：Energy and environmental Decision Making[M]. New York : John Wiley and Sons，1996 .

[40] Costanza R， d'A rge R， De Groo t R. et al. The value of the world's ecosystem services and natural capital[J]. Nature，1997， 387: 253-260.

[41] 苏伦·埃尔克曼. 工业生态学（中文版）[M]. 北京：经济日报出版社，1999.

[42] Herman E.Daly. Steady-State Economics[M]. Island Press，Washington，D.C. 1991.

[43] Herman E Daly. Steady-State Economics[M]. Island Press，Washington，D.C. 1991.

[44] Georescu-Roegen， Nicholas. Analytical Economics[M]. Cambridge， Mass.， Harvard University Press. 1966.

[45] 莫里斯·D. 利维[美]，日常生活中的经济学[M]. 刘立，译. 南京：江苏人民出版社，1999.

[46] 阿弗里德·马歇尔. 经济学原理（第八版）[M]. 北京：华夏出版社，2005.

[47] Daly HE. On Economics as a Life Science[J]，Journal of Political Economy，1968，76: 392-406.

[48] 顾自安. 制度演化分析的知识背景：生物学类比与社会达尔文主义，2005.

[49] 纳尔逊. 经济变迁的演化理论[M]. 北京：商务印书馆，1997.

[50] Boulding，K.E. “Economics and Ecology” in F.Frazer Darling and John P.Militon，eds.， Future Environments of North America[M]. New York: Natural History Press.1966.

[51] Georescu-Roegen，Nicholas. Analytical Economics [M]. Cambridge:Harvard University Press. 1966.

[52] Daly，H.E. On Economics as a Life Science [J]. Journal of Political Economy，1968，76: 392-406.

[53] Kneese，A.V.，Ayres，R.V.and D'Arge，R.C.Economics and the Environment: A Materials Balance Approach [M]. Baltimore: Johns Hopkins University Press. 1970.

[54] Herfindahl， O. C.， and A. V. Kneese. Economic Theory of Natural Resources [M]. Columbus: Merrill Publishing Company. 1974.

[55] Cernea Michael M. The sociologist's approach to sustainable development. In I. Serageldin& A. Steer（Eds.）， Making development sustain able: From concepts to action[M]. Washington， DC: The World Bank. 1994.

[56] Chisholm RF. Developing net work organizations: Learning from practice and theory [M].

New York: Addi son-Wesley. 1998.

[57] Cohen-Rosenthal， E. Eco-industrial development: New frontiers for organizational success. Seminar Series on Industrial Ecology. John son Graduate School of Business. 1998a.

[58] Snell，R.，& Chak，A. M-K. The learn in organization: Learning and empowerment for whom? [J]. Management Learning，1998，25（3）:337-364.

[59] Edward Cohen-Rosenthal. A Walk on the Human Side of Industrial Ecology[J]. American Behavioral Scientist，2000，44:245-264.

[60] Ehrenfeld，J.，& Gertler， N. Industrial ecology in practice: The evolution of inter dependence at Kalundborg [J]. Journal of Industrial Ecology，1997，1（1）:67-79.

[61] Marina Fischer-Kowalski. On the History of Industrial Metabolism .IFF–Social Ecology-Vienna Schotten feldgasse. 2003.

[62] Hokky Situngkir， Deni Khanafiah .Metabolism of Social System.

[63] Odum，Eugene. P. The Strategy of Ecosystem Development [J]. Science，1969，164:262-270.

[64] 陶在朴. 生态包袱与生态足迹：可持续发展的重量及面积观念[M]. 北京：经济科学出版社，2003.

[65] Daly HE. On Economics as a Life Science [J]. Journal of Political Economy，1968，76: 392-406.

[66] Robinson，Joan. Economic Philosophy. London Daly，H.E. On Economics as a Life Science [J]: Watts.1962.

[67] Marina Fischer-Kowalski. On the History of Industrial Metabolism .IFF–Social Ecology-Vienna Schotten feldgasse. 2003.

[68] Ordway， Jr and H Samuel. Possible Limits of Raw-Material Consumption. in Man’s Role in Changing the Face of the Earth，edited by William L. Thomas Jr[J].Chicago: University of Chicago Press. 1956.

[69] Wolman Abel. The Metabolism of Cities. Scientific American [J]，1965， 213（3）:178-193.

[70] Ayres Robert U and Allen V Kneese.Production，Consumption and Externalities [J].American Economic Review，1969，59（3）:282-297.

[71] Korhonen，Jounia. Four ecosystem principles for an industrial ecosystem [J]. Journal of Cleaner Production，2001，9（3）:253-259.

[72] Jouni Korhonen. Industrial ecology in the strategic sustainable development model: strategic applications of industrial ecology[J]. Journal of Cleaner Production，2004，12:809-823.

[73] Lifset，Reid. Industrial Ecology and Public Policy[J]. Journal of Industrial Ecology， 2005，9（3）: 1-3.

[74] EM Harper，TE Graedel. Industrial ecology: a teenager's progress[J]. Technology in Society，2004，26:433-445.

[75] John Ehrenfeld.2004.Industrial ecology: a new field or only a metaphor[J]. Journal of Cleaner Production. 12:825-831.

[76] John R. Ehrenfeld. Can Industrial Ecology be the "Science of Sustainability?" [J]. Journal of Industrial Ecology，2004，8（1-2）:1-3.

[77] Anderberg S. Industrial metabolism and the linkages between economics， ethics and the environment[J].Ecological Economics，1998，24（2）:311-320.

[78] Mark Finster，Patrick Eagan，and Dennis Hussey. Linking Industrial Ecology with Business Strategy Creating Value for Green Product Design[J]. Journal of Industrial Ecology，2002，5（3）：107-125.

[79] Paul H Brunner. Beyond Materials Flow Analysis[J]. Journal of Industrial Ecology，2002，6（1）：8-10.

[80] Robert Kijak and David Moy. A Decision Support Framework for Sustainable Waste Management[J]. Journal of Industrial Ecology，2004，8（3）:33-50.

[81] R.福斯菲尔德. 现代经济思想的渊源与演进（第九版）[M]. 杨培雷，译. 上海：上海财经大学出版社，2003.

[82] 张宇，孟捷. 高级政治经济学[M]. 北京：经济科学出版社，2002.

[83] 罗宾斯.经济科学的性质与意义[M]. 北京：商务印书馆，2000.

[84] 保罗·萨缪尔森，威廉·诺德豪斯. 经济学[M]. 萧琛，等，译. 北京：华夏出版社，1999.

[85] 库尔特·多普菲. 演化经济学：纲领与范围[M]. 贾根良，等，译. 北京：高等教育出版社，2004.

[86] 晏智杰. 边际革命和新古典经济学[M]. 北京：北京大学出版社，2004.

[87] R.福斯菲尔德. 现代经济思想的渊源与演进（第九版）[M]. 杨培雷，译. 上海：上海财经大学出版社，2003.

[88] Applications of industrial ecology—an overview of the special issue[J].Journal of Cleaner Production，2004，12:803-807.

[89] Daly，H. Toward some operational principles of sustainable development[J]. Ecological Economic，1991，2（1）:1.

[90] Philip A.Lawn. Toward Sustainable Development: An Ecological Economics Approach[M]. Boca Raton :CRC Press LLC. 2000.

[91] Solow， R.M. The Economics of Resources or the Resources of Economics[J]. American Economic Review，1974，64（2）:1-14.

[92] Stiglitz Stiglitz，J. A neoclassical analysis of the economics of natural resources. In Scarcity and Growth Reconsidered，Smith and Kerry（eds）[M]. Baltimore ：Johns Hopkins. 1979.

[93] Lawn，P.On Georgescu-Roegen's contribution to ecological economics[J].Ecological Economic，1999b，29（1）:5.

[94] Gowdy，J. The social context of natural capital: the social limits to sustainable development，Int[J].Jouranl of Social Economic，1994a，15:181.

[95] Georgescu-Roegen，N.，The entropy law and the economic process. Cambridge MA :Harvard University Press，1971.

[96] O'connor，M. Entropy，structure，and organizational change[J]. Ecological Economy，1991a，3:95.

[97] Herman E.Daly. Steady-State Economics[M]. Washington DC：Island Press，1991.

[98] Daly，H.，Entropy，Growth，and the political economy of scarcity，in Scarcity and Growth Reconsidered，Smith，V.K.，Ed [M]. Baltimore，MD：Johns Hopkins University Press，1979，67-94.

[99] Fisher，I.，Nature of Capital and Income，A.M.Kelly，New York，1906.

[100] 哈尔·R. 范里安. 微观经济学: 现代观点[M]. 费方域，等，译. 上海：上海人民出版社，2003.

[101] Philip A.Lawn. Toward Sustainable Development: An Ecological Economics Approach[M]. Boca Raton :CRC Press. 2000.

[102] GC Daily and PR Ehrlich. Socioeconomic Equity，Sustainability，and Earths Carrying Capacity[J]. Ecological Applications，1996，6:991-1001.

[103] Gowdy JM and McDaniel，CN. One world，one experiment: Addressing the biodiversity-economics conflict[J]. Ecological Economics，1995，15:181-192.

[104] Costanza，R，dArge，R，deGroot，R，Farber，S，Grasso，M，Hannon，B，Limburg，K，Naeem，S，ONeill，RV，Paruelo，J Raskin，RG，Sutton，P，vandenBelt，M. The value of the world's ecosystem services and natural capital[J]. Nature，1997，387: 253.

[105] Herman E.Daly. Steady-State Economics. Washington DC：Island Press，1991.

[106] Herman E.Daly. The Economics of the Steady State. American Economic Review [J]. 1974，64（2）：15-21.

[107] 克尼斯，艾瑞斯，德阿芝. 经济学与环境：物质平衡方法[M]. 马中，等，译. 北京：三联书店，1991.

[108] 陶在朴. 生态包袱与生态足迹：可持续发展的重量及面积观念[M]. 北京：经济科学出版社，2003.

[109] Bringezu S.; Schütz H.; Moll S. Rationale for and Interpretation of Economy-Wide Materials Flow Analysis and Derived Indicators[J]. Journal of Industrial Ecology，2003，7（2）:43-64.

[110] Pedersen，O. G. Physical input-output tables for Denmark[M]. Copenhagen: Statistics. Denmark. 1999.

[111] Stahmer，C.，M. Kuhn，and N. Braun（German Federal Statistical Office），Physical Input-Output Tables for Germany，1990，Eurostat Working Papers，1998，#2/1998/B/1.

[112] Ayres，RU，Simonis，UE，Industrial Metabolism: Restructuring for Sustainable Development[M]. Tokyo：United Nations University Press，1994.

[113] Susanne Kytzia，Carsten Nathani. Bridging the gap to economic analysis: economic tools for industrial ecology[J]. Progress in Industrial Ecology，2004，1（1/2/3）:143-164.

[114] Satish Joshi. Product Environmental Life-Cycle Assessment Using Input-Output Techniques[J]. Journal of Industrial Ecology，2000，3（2 & 3）:95-102.

[115] Jonsson，A. The Trace of Metals: Use Emissions and Sediment Load of Urban Heavy Metals，Dissertation，Linköping Studies in Arts and Science，2000.

[116] F Duchin. Industrial Input-Output Analysis: Implications for Industrial Ecology[J]. Proceedings of the National Academy of Sciences，1992，89:851-855.

[117] 钟契夫，陈锡康，刘起运. 投入产出分析[M]. 北京：中国财政经济出版社，1993.

[118] Bringezu S；Schütz H；Moll S. Rationale for and Interpretation of Economy-Wide Materials Flow Analysis and Derived Indicators[J]. Journal of Industrial Ecology，2003，7（2）:43-64.

[119] 黄贤金. 循环经济: 产业模式与政策体系[M]. 南京: 南京大学出版社，2004.

[120] 陈效逑，乔立佳. 中国经济—环境系统的物质流分析[J]. 自然资源学报，2000，15（1）: 17-23.

[121] Chen XQ，Qiao LJ. A preliminary analysis of material input of China[J]. Population and Environment，2001，23（1）: 117-126.

[122] 陈效逑，赵婷婷，郭玉泉，宋升佑. 中国经济系统的物质输入与输出分析[J]. 北京大学学报（自然科学版），2003，39（4）：538-547.

[123] 徐一剑， 张天柱，等. 贵阳市物质流分析[J]. 清华大学学报（自然科学版），2004.

[124] 刘敬智，王青，等. 关于直接物质投入的中国物质减量分析及其国际比较. 生态包袱与生态足迹海峡两岸学术交流论文集. 沈阳. 2004.

[125] 丁一，王青，等. 中国铁矿石生态包袱计算与分析. 生态包袱与生态足迹海峡两岸学术交流论文集. 沈阳. 2004.

[126] 哈尔・R・范里安. 微观经济学：现代观点[M]. 费方域，等，译. 上海：上海人民出版社，2003.

[127] Gregory N.Stephanopoulos，Aristos A. Aristidou， Jens Nielsen，代谢工程——原理与方法[M]. 赵学明，等，译. 北京：化学工业出版社，2005.

[128] Sirkin T，ten Houten M. The cascade chain: a theory and tool for achieving resource sustainability with applications for product design[J]. Resource Conservation and Recycling. 1994，10:213-277.

[129] Fraanje PJ. Cascading of pine wood[J]. Resource Conservation and Recycling. 1997， 19:8-21.

[130] Platt T，Mann KH，Ulanowicz RE. Mathematical models in biological oceanography[M]. Paris: UNESCO. 1981.

[131] Ulanowicz RE，Kay JJ. A package for the analysis of ecosystem flow networks[J]. Environ Software，1991，6:131-142.

[132] Wulff F，Field JG，Mann KH，editors. Network analysis in marine ecology: methods and applications[M]. New York: Springer-Verlag，1989.

[133] Higashi M.，Patten B.C. Further aspects of the analysis of indirect effects in ecosystems[J]. Ecol Modell.，1986，31:69-77.

[134] Patten B.C.，Jørgensen SE，editors. Complex ecology: the part-whole relation in ecosystems[M]. Englewood Cliffs（NJ）: Prentice-Hall PTR. 1996.

[135] Hannon B. The structure of ecosystems[J]. Journal of Theory Biology，1973，41:535-546.

[136] Hannon B. Total energy costs in ecosystems[J]. Journal of Theory Biology，1979，80:271-293.

[137] Hannon B. Ecosystem control theory[J]. Journal of Theory Biology，1986，121:417-437.

[138] Herendeen RA. Energy intensity in ecological and economic systems[J]. Journal of Theory Biology，1981，91:607-620.

[139] Herendeen R A. Energy intensity，residence time，exergy，and ascendancy in dynamic ecosystems[J]. Ecol Modell.，1989，48:19-44.

[140] Brown MT，Herendeen RA. Embodied energy analysis and EMERGY analysis: a co-view[J]. Ecol Econ.，1996，19:219-235.

[141] Levine SH. Several measures of trophic structure applicable to complex food webs[J]. Journal of Theory Biology，1980，83:195-207.

[142] Levine SH. A dynamic formulation for input-output modeling of exploited ecosystems[J]. Ecol Modell.，1988，44:143-151.

[143] Patten BC. Systems approach to the concept of environment [J]. Ohio Journal of Science，1978，78:206-222.

[144] Zadeh LA，Desoer CA. Linear system theory: the state space approach [M]. New York:

McGraw-Hill. 1963.

[145] Berndt，E.R.，Field，B.C. Modeling and Measuring Natural Resource Substitution[M]. MIT Press，1981.

[146] Slade，M. Recent advances in econometric estimation of material substitution[J]. Resources Policy，1981，7:103-109.

[147] Dosi，G.，Nelson，R.R. An introduction to evolutionary theories in economics[J]. Journal of Evolutionary Economics. 1994，4:153-172.

[148] Tilton，J.E. Diffusion of Technologies and Social Behavior[M]. Berlin，Springer， 1991.

[149] Goeller，H.E.，Weinberg，A.M. The age of substitutability—what do we do when the mercury runs out? [J] Science，1976，191:683-689.

[150] Daly，H.E. Towards some operational principles of sustainable development [J]. Ecological Economics，1990，7:1-6.

[151] Costanza，R.The ecological effects of sustainability: Investing in natural capital. In: Goodland，R.，Daly，H.E.，El Serafy，S.， Environmentally sustainable development: building on Brundtland，World Bank Environment Working Paper No. 46，and Washington，DC. 1991.

[152] Silverberg，G. Adoption and diffusion of technology as a collective evolutionary process. In: Freeman，C.，Soete， L.New Explorations in the Economics of Technical Change[M]. London and New York，Pinter Publishers，1990.

[153] Brouwer，M. Schumpeterian Puzzles.Technological Competition and Economic Evolution[M]. New York，London，Toronto，Harvester Wheatsheaf，1991.

[154] Mathijs. Bouman.an analytical comparison of SFA. LCA and partial equilibrium models[J]. Resource Conservation and Recycling. 2000.32:195-216.

后　记

本书的主要内容源自我的博士论文。抚卷思忆，许许多多问题不解时的痛苦和豁然一亮的内心喜悦，依然历历在目。我很幸运能够在这个领域中学习和研究，也更幸运收获了从痛苦到喜悦这一跨越过程的难忘经历。这首先要感谢我的导师李慧明教授在博士三年的学习过程中对我的培养和教育。正是导师的鼓励和教诲才使我能够进入环境经济学这个浩瀚领域中学习，也正是在导师深厚的专业造诣、严谨的治学态度的不断感染下，我才收获一个又一个的进步。在这里对她的辛苦付出致以深深的谢意。

特别感谢朱坦教授在写作过程中给予的指导，他对现实问题的敏锐观察和深入思考给本书写作提供了重要的启发和建议。也衷心感谢鞠美庭教授、庄源益教授、徐鹤副教授在论文开题和论文写作过程中的鼓励和建议。非常感谢谢芳、李云艳、江应松师兄师姐对我在生活和学习上的关心，非常感谢刘芳、朱红伟、齐宇、廖卓玲、郝冀、廖筠、王磊、徐念、吴婧、唐弢对论文写作的帮助，特别感谢刘倩、崔晓莹、左小莉投入自己的时间为本书校对。

最后，深深地感谢我的父亲和母亲在这十多年的求学生涯中给予的理解和默默支持。回首过去，我所走过的每一步，所经历的每一个阶段，都依稀看到他们无怨无悔的付出。虽然漫长的求学生涯与枯燥相伴，但很幸运也很幸福的是，他们默默地陪我走过。虽然这些无法用感谢来表达，但我还想说，感谢他们，我以他们而骄傲和自豪。在这里还要衷心感谢我的女朋友曹承玥和她的父母，本书也包含了他们无私的付出。